自ら学ぶ子どもに育てる

息子2人が東大に現役合格した、ワーキングマザーの子育て術

入江のぶこ

あさ出版

はじめに

一九九四年十二月六日、私の人生は大きな音を立てて崩れ落ちました。

心から尊敬できる人と出会って結婚。「この人のために家事をし、子どもを産んで育てたい」と思った私は会社を辞めて、夫・入江敏彦の赴任先であるエジプト・カイロに移住し、専業主婦として充実した日々を送っていました。

テレビジャーナリストとして紛争地帯や戦場を飛び回る夫をサポートし、可愛い盛りの長男を熱心に教育し、次男を妊娠。イスラエルで出産してからカイロへ戻り、夫の赴任期間が終わろうとしていた矢先の出来事です。

「入江君の乗ったチャーター機が墜落したとの情報が入りました」

それからのことは、断片的な記憶しかありません。
私の人生には濃い霧がかかり、前が見えない不安と夫を亡くした悲しみを抱えながら、日本へ帰国したのでした。それでもこの目の前にいる6歳の長男と11カ月の次男を何としてでも育てあげ、世に送り出さなければならない。それが私の使命なのだから。

私の人生の第2ステージはこうして幕を開けたのです。

専業主婦として家族を支えようと思っていたはずが、ワーキングマザーとして仕事と子育てを両立しなければならなくなった私にとって、子どもたちと接することができる時間は何にも増して重要です。
私のように、突然社会に放り出されることだって人生には起こり得るのですから、子どもたちには生き抜く力を持った〝自立した人間〟になってもらいたい。そのためには、限られた時間をどのように使ったらいいのだろう——自分なりに考え、実践したことを文章にまとめたものが本書です。

詳しくは後ほどご紹介しますが、私が最初に行なったのは「子どもが得意としているものを見極め、伸ばすこと」でした。

「この子が得意としているものは何だろう？」

限られた時間のなかで集中して子どもを観察していくうちに、長男も次男も「何かについて学ぶこと」を得意としているのがわかったのです。

子どもが得意とするものが見つかったら、次に行なうのは「得意なものを伸ばすための環境を整えること」です。私は子どもたちがストレスなく、のびのびと学べるような環境づくりに邁進しました。

その結果、二人とも学習院初等科・中等科を経て、筑波大学附属駒場高等学校に進学し、大学受験で東京大学に合格したのでした。

そうして〝東大現役合格〟を果たした二人ですが、私にとってそのことはさほど重要ではありません。

私の目標は「子どもを東大に入れること」ではなく「生き抜く力を持った〝自立した人間〟に育てること」でした。その過程で、彼らが「自分の意志で、東大に進学することを選んだ」に過ぎないのです。

現在、長男は研究者として学術の分野で、次男はテレビマンとしてメディアの分野で、それぞれに充実した日々を送っています。その姿こそが、私が最も望んでいたものだったのです。

ますます社会が多様化するなか、学歴よりも何よりも、子どもたちには〝生き抜く力〟が必要とされるでしょう。その土台をつくるのは親の務めであり、親にしかできないことでもあると私は思うのです。

それぞれのご家庭で状況が異なるとは思いますが、いま現在、仕事と子育てを両立されているワーキングマザーや、子どもの自立について悩んでいらっしゃるお母さんたちへ、本書が少しでもヒントになれば幸いです。

第1章

子どもが10歳になるまでは、全力で向き合う

第2章 幼い頃から〝考える訓練〟を習慣にする

第3章

〝環境づくり〟が自立への近道

第4章

「生きていてくれて、ありがとう」が大前提

エピローグ
頑張っているお母さんたちへ

参考文献：一志治夫『前へ、前へ　あるテレビジャーナリスト32歳の死』（幻冬舎文庫）

1994年11月20日

第1章

子どもが10歳になるまでは、全力で向き合う

仕事と育児を両立するワーキングマザーにとって、子どもと向き合う時間の確保は大きな課題です。特に女性は子育て時期とキャリア形成時期が重なるため、「忙しすぎて時間がとれない」と罪悪感を抱いているお母さんも少なくないでしょう。

しかし、子育ては一生続くものではありません。子どもが成長すれば、親としての関わり方も変わります。大事なのは「子どもが自分で判断・選択できるようになるまでの期間、親がどれだけ全力で向き合えるか」なのです。お子さんによって多少は前後しますが、10歳までを目安に全力で向き合うように心がけましょう。

1 働きながら子どもを育てるということ

＊ワーキングマザーとしての再出発

夫を事故で亡くし、カイロから二人の幼い子どもを連れて帰国した私が最初にしたのは職探しです。

夫が遺してくれたお金がありましたから、「すぐに働かなければならない」というわけではなかったのですが、子どもたちが今後世に出て行くうえで、母である私が社会と向き合っていることが大事だと思いました。それに、私が働いて稼いだお金があれば、子どもたちの環境づくりのために、より多くの投資ができると考えたからです。

そんな折、フジテレビから「契約社員として働かないか」と声をかけてもらい、私は働くことになりました。

会社は「子育てが忙しかったら、週3日でもいいですよ」と言ってくれましたが、せっかくチャンスをいただけたのだから、100%以上の力を出しきりたい。逆境やチャンスを与えられると燃えるところが私にはありましたから、初出社するまでに独学でパソコンの勉強をしたりと、自分にできる限りの準備を整えて臨んだのです。

そうして契約社員としてフジテレビで働き始めた私の最初の仕事は、国際局の役員秘書。尊敬できる方をサポートすることを得意としていた私には、ピッタリの仕事でした。夢中で働いている間は悲しい出来事を忘れることができたのも、私にとっては救いとなりました。

職場では〝夫に先立たれ、幼い子どもを二人も抱えたお母さん〟と意識されることもなかったので、週5日、休むことなく精一杯働くこと1年半。その実績が評価され、正社員として雇用されることになりました。ひと回りも下の新入社員の方たちと一緒に、入社式に参加したことを覚えています。

正社員となって配属されたのは編成業務部。フジテレビで放送される、すべての番組の編成を下支えする重要な部門です。勉強になることが多かったため、自分で番組企画を考えるきっかけにもなりました。

私には「子育てに関する番組をつくりたい」という思いがありましたから、私と同じように子育てをしながら働いているママたちに声をかけ、一緒に企画をつくったこともあります。そのなかのいくつかは社内コンペを通り、実際に番組として放送されました。

改めて振り返ると、当時の私は子どもたちのためにがむしゃらに働いていました。そして、それだけでなく、「自分の考えをカタチにしたい。番組として残したい」という、仕事に対する熱意も持っていたのだと思います。それはもしかすると、ワーキングマザーとして働き続けるための原動力のひとつになっていたのかもしれません。

＊自分にとっての〝最優先事項〟を考える

小学一年生の長男と1歳になったばかりの次男を育てながら、週5日を仕事に費やす――当然ながら、すべてを完璧に行なうことはできません。そこで私は「最も優先すべきこと」と「それ以外のこと」をハッキリと分けて、効率化を図ることにしたのです。

私にとっての最優先事項はふたつありました。

ひとつは「仕事をしっかりやること」、もうひとつは「一日のなかで、短時間でもいいから子どもに集中し、濃密に向き合う時間をつくること」。

それらを実現するため、時間がないときにはハウスキーパーさんに来ていただいたり、保育園の送り迎えをベビーシッターさんにお願いすることもありました。ただし、早朝ミーティングや夜の会食は入れません。朝と夜は、子どもと向き合うための大切な時間だったからです。

子育ても仕事も家事も、全部をきちんとやるのはとても大変です。一日は24時間しかないですし、体力にだって限界があるのですから。

「大事な子どものために、何でもやってあげたい」と思うのは、親として当然でしょう。しかし、自分の身を削って子どもに尽くした結果、疲れ果て、心までもがボロボロになってしまうことにもなりかねないのです。そうして心のコントロールを失ったお母さんが、子どもに辛く当たってしまったり、子育て自体を放り出してしまうケースも少なくありません。

お子さんはもちろん、ご自身を守るためにも、「育児・家事・仕事のすべてをひとりで完璧に行なうことは、そもそも不可能である」ということを忘れないでいただきたいと思うのです。

母親には育児に集中すべき時期があるとは思いますが、人生のすべてを子どものために生きるわけではありません。子どもが巣立った後の長い人生も視野に入れながら、何をいまは優先するのか。そのためには、どこを効率化すればいいのか。常に考え、選択していくことが大切だと私は考えます。

もちろん「何を最優先にするか」によって、選択は変わってくると思います。子どもとできるだけ長く一緒にいることを最優先として、「仕事はある程度できていればいい。それよりも、いまは子どものお世話をたくさんしたい」と考えるお母さんもいらっしゃるでしょう。そういった場合は、会社と交渉して、時短勤務やテレワークを利用するのも良いかと思います。

繰り返しになりますが、大事なのは「育児・家事・仕事のすべてを完璧にしようと思わないこと」。全部をひとりでやろうとせずに、メリハリをつけながら、自分にとっての優先事項を効率的に実行しましょう。

2 時間がないからこそ、集中して子どもと向き合う

＊〝自立した人間〟の基礎は幼少期につくられる

私にとって、なぜ「一日のなかで、短時間でもいいから子どもに集中し、濃密に向き合う時間をつくること」が最優先事項のひとつだったのか――それは、10歳くらいまでの子どもは、導く大人がいなければ何もできないからです。

ご自身のことを思い出していただきたいのですが、10歳くらいまでは自分の未来を自分でジャッジするには知識も足りていませんし、意思も強くなかったのではないでしょうか？　そういった子どもにとって、親は大きな影響を与える存在なのです。そ

の時期を過ぎれば子どもにも自我も芽生え、「親はこう言っているけれど、自分は違うと思う」と、自分なりに状況を判断することも可能になるでしょう。

だからこそ、子どもが10歳になるまでは全力で向き合う必要があるのです。

自分で考える力、応用する力、人に伝えるためのプレゼン能力――すべては小さい頃からの積み上げによって開花します。そして、親の手から離れた後も自信を持って生きていくために、子どもには自分が得意とするものを見つけてもらいたい。そのすべての基礎は幼少期につくるものであって、それはすなわち〝幼少期の親との関わり〟にかかっていると思うのです。

子どもは生まれる場所も親も選べません。子どもの環境をつくってあげられるのは、ベビーシッターさんでもなく、保育園や学校の先生でもなく、親なのです。仮にその子の理解力が乏しくても、深い愛情を持って、「あなたが生まれたこの世界はこんなところで、こんなことが起こっているのよ」と根気よく教えてあげられるのは、親しかいないと思うのです。

幼少期に親が手をかけないと、ひとりで生き抜く力を持つ子には育ちません。親たるものは、たとえ子どもに嫌がられようと関わっていく義務があるのです。

子どもを徹底的に観察し、その子に最も適しているものを見極め、できる限りの環境を与え、成功体験を積み上げられるように導く。そうすることで、子どもは自分の得意な分野で生き抜く力を身につけた〝自立した人間〟に成長するのです。

＊毎日10分でもいいから、子どもに集中する

子どもに集中したいけれど、ワーキングマザーは圧倒的に時間がありません。しかし、私は思うのです。時間の使い方が限られているワーキングマザーだからこそ、高い濃度で集中して子どもに向き合えるのではないかと。

「時間がたっぷりあるときよりも、切羽詰まったときのほうが馬力が上がる」なんて経験もあるのではないでしょうか？　そう、大切なのは集中力なのです。

実際に私は「この限られた時間に、どれだけ集中して子どもと向き合えるだろうか。子どもとの時間の濃度を高めるためには、どうしたら良いのだろうか」と常に考え、工夫を凝らしていました。

例えば、寝る前の10分間や休日の午後の3時間を「この時間は子どもに集中する」と決める。そして、その時間は携帯の電源を切る。パソコンも開かない。とにかく子どもだけに集中して一緒に遊びながら、学びの機会を創出していました。

子どもたちも、いつも忙しくしている母親から「本を読んであげるから、こっちにいらっしゃい」と声をかけられたら、「あ、お母さんが本を読んでくれるんだ！」とテンションが上がり、短い時間でも集中している様子でした。子どもにとっても〝普段忙しくしている母親と過ごす、濃密な時間〟はかけがえのないものだったのだと思います。

そうは言っても「会社で重要なプロジェクトが進行していて、ほぼ毎晩帰りが遅くなってしまう」という方もいらっしゃるでしょう。でも大丈夫です。何も「毎日1時間、子どもと向き合う時間を確保せよ」と言っているわけではありません。一日のうち、たった10分だけでも、子どもに集中する時間を確保すれば良いのです。

「寝る前の10分は必ず子どもに充てる」と決めたのならば、何としてでもその10分は確保するように努めてください。ただし、そうしてできた〝子どもと向き合う貴重な10分間〟を散漫に過ごすことのないように！

絵本を読み聞かせたり、一緒にブロックを組み立てたり、お絵描きをしながら「この子が一番興味を抱いているものは何だろう？」と真剣に観察してください。

どんなに忙しくても、子どもと向き合える時間は必ずあります。子どもの特性を見極めるのは、ベビーシッターさんでもなく、保育園の先生でもなく、親にしかできないことですから、毎日必ず、子どもに集中する時間をつくるようにしてください。

3 子どもを観察し、得意なものを見極める

＊成功体験の積み重ねで、子どもは強くなる

「〝集中して子どもと向き合う〟と言われても、何にどう集中していいのかわからない」とお悩みの方もいらっしゃるかもしれません。でも、そんなに難しく考える必要はないのです。親が最初にすべきは「子どもを観察し、得意なものを見極めること」ですから。これだけを頭に入れて、まずはお子さんと向き合ってみてください。

遊びのなかで「自分の子どもが何に対して興味を持っているのか」、「一番上手にできることは何なのか」とひたすら観察し、子どもが得意とするものに触れる機会を増

やしていく。本人が好きで「やりたい」と思ったことであれば、伸びないはずがありません。達成できたときには「上手にできたね〜！」と褒めてあげる。

こうした小さな成功体験の積み重ねで、子どもは強くなっていくのです。


長男・哲朗のときは初めての子育てということもあり、得意なものを見極めるために試行錯誤したものです。

漢字や物の名前を子どもに見せながら高速でめくっていく「フラッシュカード」が良いという説があれば、「起承転結」や「温故知新」といった四文字熟語を書いたカードを手作りして、ハイハイをしているうちから見せていました。ドットが無数に描いてあるカードをパッと見せ、「何個ドットがあるでしょう?」とクイズを出していたことも。子どもの英才教育や情操教育に良いとされるものは、何でも試していたと思います。

それらが子どもの成長にどれだけ影響を及ぼしたのかはわかりません。ですが、そうやって親が一生懸命熱意を持って子どもと向き合うことが大切なのではないでしょうか。

＊子どもの特性を伸ばしたら、東大入学に行き着いた

哲朗を観察しているうちに、「この子は〝何かを学ぶこと〟が好きなのかもしれない」と思うようになりました。

というのも、哲朗に国旗の絵本を与えて、「これはアメリカ、これはセネガル、これはニュージーランド」と一つひとつ教えていったところ、あっという間に全部の国と国旗を覚えてしまったからです。

「じゃあ、これはどこの国旗？」とクイズを出されるのが楽しかったようで、ひととおり答え終わっても「もう一度やりたい」とせがむのです。そんなふうに彼が興味を示すことは珍しかったので、この機会を逃すまいと「じゃあ、今度はうしろのページからやっていこうか」と、何度も繰り返し〝国旗当てクイズ〟を行ないました。

折り紙の本を与えたときにも、哲朗は強い興味を示しました。かなり難しい折り方

が載っていましたが、これもあっという間に最後まで折ってしまうのです。戦隊ヒーロー作品に出てくるロボットの玩具も、小さい子どもが組み立てるには複雑な構造をしていたりするのですが、設計図を見ながらすぐに組み立ててしまいました。

そんな哲朗を観察していた私は、「この子は〝何かを学ぶこと〟が好きで、なかでも〝何かを読み解くこと〟を得意としているのではないか」と思ったのです。

元気いっぱいに外でサッカーをするのが好きなタイプではなく、家でじっと本を読んだり、何かを調べたりすることが好きな子どもでしたから、そういった〝好きなこと〟をたくさんできるような環境を整えてあげようと思いました。次男の聖志についても同様です。

そうやって長男も次男も、好きだった〝何かを学ぶこと〟を突き詰めた結果、東大に進学することになりました。しかし、それはあくまで「彼らの特性を伸ばしていったら、そうなった」というだけであり、「子どもたちを東大に入れよう！」と幼い頃から教育していたわけではありません。そもそも私は、子どもたちが東大に進学するとは、まったく思っていなかったのですから。

つまり、私が申し上げたいのは、「東大に入ること」を子どもの最終的な目標にしてほしくはないということです。私の子どもたちのように、家でじっと本を読んだり、何かを学ぶことが好きなタイプのお子さんでしたら、東大や京大といった〝学ぶための最高の環境〟に身を置きたいと、自ら突き進んでいくかもしれません。

しかし、学ぶことが好きではないお子さんに対して、親が「絶対に東大に行きなさい」と強いることは、悲惨な結果を招きかねません。

勉強よりももっと好きな、得意とするものが別にあるのに、得意でもない勉強を強いられるのは苦痛でしかないからです。本来の資質をきちんと見てあげることなく過度な目標に向かわせるのは、親のエゴでしかありません、何よりも、子どもが可哀想です。やってもやっても目標に到達できず、「自分はダメなんだ」と自信を無くした体験を、子どもは一生引きずることになるのですから。

＊〝子どもが得意なこと〟は、何も勉強だけとは限らない

自分の子どもがいったい何が好きなのか、一生懸命観察してあげてください。そして、好きなことに触れる機会を多く与えてあげてください。

飽きずにずっと絵を描き続けている子には、画用紙やいろんな種類の色鉛筆を与える。いつでも歌って踊っているような子には「落ち着きなさい」と言ったりせずに、「上手だね、もっと歌ってみせて」と表現の場を与える。動物が好きで、食い入るように動物図鑑を眺めているような子であれば、いろんな動物園や水族館に連れて行ってあげる。ゲームが好きで、どんなゲームでも周りを負かしてしまうような子であれば、「ゲームをしたらダメ」と言ったりせずに、どんどんやらせてみる。

これから先、ますます〝学力がすべて〟という社会ではなくなってくるでしょう。成功といわれるロールモデルも多様化しています。

不登校だった子が家でパソコンに没頭し、ＩＴベンチャーを立ち上げて成功したり、友達同士で集まってつくった動画が人気となってユーチューバーとして名が売れたり、ｅスポーツで財を成す人だっているのですから。

大切なのは、その子の能力が一番発揮される〝何か〟を親が見つけてあげて、その能力を伸ばせるような環境づくりを行なうこと。そうすることで、子どもは自分で生き抜いていく力を備えた、自立した人間に成長していくのです。

そのための第一歩として、どんなに忙しくても、毎日必ず子どもと向き合う時間をつくり、「この子には何が一番向いているのか。この子が最も集中できることは何か」と観察する。まずはそこから始めてみてはいかがでしょうか。

4 さまざまな体験をさせるのが親の務め

＊お稽古事は「運動・音楽・英語・プログラミング」を柱に

家のなかで子どもを観察し、特性を見極めることは大事ですが、限界があるのも事実。子どもの〝伸ばすべきポイント〟をより正確に把握するためにも、多くの体験ができるお稽古事は有効だと思います。

水泳教室に通ったらとても速く泳げることがわかった、バイオリンをやってみたら音感が抜群にあった、バレエをやらせてみたら普段は気づかないしなやかさがあったなど、ただ遊んでいるだけではわからなかった、子どもの思わぬ才能に気づくこともあるでしょう。

子どもには、あらゆる可能性があるのです。それを引き出してあげられるのは親しかいません。

「この子は何が好きなのか？」

その答えは、すぐには見つからないかもしれません。だからこそ、まずは子どもにさまざまな体験をさせる。それは親の務めなのです。

とはいえ、お稽古事といっても山ほどあります。「どんなお稽古事を選んだら良いのかわからない」とお悩みの方へ向けて、参考までに我が家のケースをご紹介したいと思います。

まず、私がお稽古事を選ぶ際に意識したのは、運動・音楽・英語・プログラミングの4つを大きな柱として、それぞれについて少なくともひとつは通わせるということです。

運動は水泳、音楽はバイオリン、英語は普段通っている英語教室のほかに、アメリカ大使館が主催するサマースクールにも参加させました。プログラミングは「これからの時代、絶対に必要なスキルとなる」と思っていたので、プログラミングのお稽古ができる教室を探しました。それ以外にも、絵画教室や短期の乗馬レッスンなど、状況によって追加したり、減らしたり。

次男の聖志はバイオリンが嫌で嫌で仕方なかったようですが、すぐにやめさせるようなことはしませんでした。とりあえず、ある程度はやらせてみる。そうしないと、「適していない」ということもわかりません。それに、幼い頃に苦手だったものに、大人になって再び触れないとも限らないですから。そんなとき、幼い頃の経験が役に立つなんてことも案外あったりするのです。

また、お稽古事にはいろいろな子どもたちが来ているので、刺激を受けることもあるでしょう。そういった意味でも、お稽古事を通してさまざまな体験を子どもにさせることは有効です。

お母さんが働いているご家庭は、放課後や夏休みの間、子どもだけで過ごすことが必然的に多くなります。そういった時間も、子どもたちにはボーっと家で過ごすよりも、お稽古事を通してさまざまな体験をして可能性を広げてもらいたい。私の子どもたちも「嫌」とは言いつつ、自分で支度をしてお稽古事に通っていましたから、彼らなりに得ているものがあったのかもしれません。

お稽古事にはお金がかかるため、ご家庭の事情によってはいくつものお稽古事に通わせるのは難しい場合もあるでしょう。そんなときは、自治体が主催する子どものための教室などを利用するのも良いと思います。

いずれにせよ、小学校ぐらいまでは、できるだけいろんな体験ができるように親が導いてあげるべきです。幼い子どもは自分の考えでどこかへ行ったり、何かを判断することはできません。親が機会を与え、外へ連れ出すことが必要なのです。

子どもにとっては旅行も良い刺激となるでしょう。

私はよく、子どもたちをスキーやYMCAのキャンプに連れて行きました。都会で育った子どもたちは自然と触れ合う機会がないので、なるべく自然が豊富な場所に連れて行くようにしていたのです。そこで出会った人や物から刺激をもらって、どんどん自分の世界を広げていく子どもたちの姿を見るのは、親としても楽しい体験でした。

＊〝人間力〟が高まるような小学校に入れたい

「子どもたちには私立の小学校に進学してほしい」と思っていた私は、長男、次男ともに私立の小学校を受験させました。

長男の小学校受験の際は夫が健在でしたから、進路について夫婦でよく話し合っていたものです。とはいえ、夫はそもそも「自分の子どもが元気に成長して、周りのみんなと仲良くできれば十分」くらいの感覚でした。というのも、夫の取材先は貧しいうえに衛生環境が悪く、生まれたての赤ちゃんがすぐに死んで穴の中に捨てられるような現場ばかりでしたから、「自分の子どもが生きてくれているだけでありがたい」と思っていたようです。

一方私は幼稚園から成城学園に通っていたため、長男も私立に入れたい、なかでも成城学園が好ましいという思いがありました。

なぜなら——現在はどうかわかりませんが——私が通っていた頃の成城学園は、遊びの時間や散歩の時間、舞踏の時間といったような、子どもの情緒を育てる機会が多く用意されており、自然と〝人間力〟が高まる環境づくりが成されていたからです。「幼い頃からさまざまな体験を子どもにさせたい」と思っていた私の狙いとも一致していました。

夫には私の希望を伝えていましたから、早い段階から小学校受験を視野に入れ、日本に一時帰国するたびにたくさんの教材を買って帰ったものです。それらを使って、私が勉強を教えていました。夫は夫で、子どもと一緒に公園でサッカーをしたり、時間があるときは郊外の砂漠へ二人でキャンプに行くなど、私にはできない接し方で子どもと向き合ってくれていました。

そうして受験の準備のために一時帰国して専門の塾へ通わせたところ、先生に「哲朗くんは見込みがあるので、成城学園だけじゃなく、いろんなところを受けてみるといい」と言われたのです。カイロではブリティッシュ・インターナショナル・スクールに通っていたため、「入江哲朗くん」と呼ばれると「here!」と答えてしまったりもしたのですが、記憶力と適応能力が非常に高い子でした。そのため、塾から「受けられるところはできる限り受験してみてはどうか」と提案され、成城学園初等学校、青山学院初等部、学習院初等科、桐朋小学校を受験し、すべて合格しました。

いまはどうなのかわかりませんが、当時の私立小学校受験は「○○さんの紹介で」とか「祖父母も両親もみんな通っていた」といった、学校とのつながりが重視されていたようです。そのため、本来ならば哲朗が合格できる可能性は低かったはずなのですが、〝帰国子女で、何かしらの素質がある子〟と評価されたのではないかと思います。加えて、取材で海外を飛び回っていた夫が、何とか都合をつけて面接に参加してくれ

1997年11月3日　仲のいい長男と次男

たことも大きかったのでしょう。
　結果的には、私が最初に望んでいた成城学園ではなく、夫が「哲朗を通わせたい」と望んだ学習院を選ぶことになりました。皇族の方々も通われている伝統のある学校ですし、皇族の方も学ぶ正しい日本語を身につけることができるというのがその理由だったと思います。
　受験が終わり、結果を持ってカイロに戻る私たちを、一足先に帰国していた夫がシンガポールで出迎えてくれました。ホテルの部屋には夫がオーダーしてくれた豪華な花束が飾ってあったことを、いまでも強く覚えています。

第2章

幼い頃から“考える訓練”を習慣にする

自分で考える力、応用する力、人に伝えるためのプレゼン能力といった〝人間力〟は、多様化するいまの時代にますます必要なスキルとなるでしょう。しかし、それらは大人になってから急に身につくようなものではありません。幼い頃から〝考える訓練〟を重ねることで少しずつ身についてくるものなのです。

〝考える訓練〟の機会を子どもに数多く与えるのは、親にしかできないこと。つまり、子どもの人間力を醸成するために親が果たす役割は大きいのです。子どもと日々触れ合うなかで、できるだけ考える機会を与えてください。日記を書かせる、読み聞かせのなかで質問を投げかけるといった小さなことの繰り返しで、〝自分で考えられる子ども〟に成長していくのです。

1 日記を書くことを習慣にする

＊日記は子どもに〝成功体験〟を与える良い機会となる

幼い頃、私は父から絵や音楽や文章といった文化・芸術について、さまざまなことを教わりました。ロートレック展に連れて行ってもらった後に、「一番好きだった絵を思い出して描いてごらん」と言われ、うろ覚えで描いたものを父が添削してくれたこともあります。

そんな父がひとつだけ私に日課として行なわせていたのが、「日記を書くこと」。とても優しい父でしたが、日記についてはこだわりがあったようで、「今日も何もなかった」とやる気のない文を書いたときには、すごく怒られたことを覚えています。

偶然ですが、夫も幼い頃に日記をつけていた思い出があったので、長男の哲朗には5歳になる前から日記を書かせていました。

海外暮らしが長かったため、哲朗の日本語が心配で始めたという理由もありますが、彼が日記を書く間、夫や私がつきっきりで見てあげ、完成したものを添削して「ここはこう書いたほうがいいんじゃない？　どう思う？」と、本人に考える習慣をつけさせる目的もありました。

特に上手に書けたときは、花丸をつけて大げさなくらい褒めてあげるようにしていました。〝小さな成功体験〟を積み上げていくことは、子どもの成長には欠かせません。毎日の日課である日記は、子どもに成功体験を与え、自信をつけさせる良い機会にもなるのです。

＊日記は多くの〝学び〟を創出する

日記には、特別なことを書かせる必要はありません。その日にあったこと・思ったこと・気づいたことを考え、書く。それだけです。自分の一日を振り返り、自分の言葉として書くことが、考える力を養っていくのです。

子どもが日記を書いている間は、可能であればつきっきりで見てあげてください。

子どもと一緒に一日を振り返る時間は、親にとっても有意義なものとなるでしょう。

なかなか筆が進まない子どもにヒントや助け船を出すことで、「日記＝嫌なこと・辛いこと」と子どもが思い込まないように導いてあげることも大切です。

哲朗は幼い頃をカイロで過ごしていたので、日々それなりに発見や気づきがあったようです。家族でピラミッドを見に行ったり、夫と砂漠でキャンプをした日などは特に楽しそうに、生き生きと日記を書いていたのを覚えています。

そういったときの日記は、おのずと内容も良くなりますから、大きな花丸をあげて、たくさん褒めるようにしていました。私も父に日記を褒められたときはすごく嬉しかったので、息子も同じような気持ちだったのではないかと思います。

一方で、適当な日記を書いて父に怒られた私のように、哲朗も夫にひどく怒られたことがありました。

あまりにもやる気がない様子で日記帳に落書きをしている哲朗を見た夫は、「そんなことをやっているんだったら、家から放り出すぞ！」と玄関まで引きずっていったのです。哲朗は号泣していましたが、「自分の態度が悪いから怒られている」とわかっていたのでしょう。文句を言ったり、抗議するようなことはありませんでした。そこでもまたひとつ、哲朗は学びの機会を得たのだと思います。

ノートとペンさえあればすぐに始められる日記は、このように多くのものを親と子どもにもたらしてくれます。たかが日記、されど日記。〝自分で考えられる子ども〟を育てるために、今日から始めてみてはいかがでしょうか。

2 遊びのなかにも〝考える〟を織り交ぜる

＊読み聞かせに〝クイズ〟をプラスして、時間を有効活用する

社会が多様化するなか、「与えられた状況にパッと反応できる。思いついた内容を相手に正しく伝えることができる」といった能力（＝フレキシビリティ）を求められる機会がますます増えてくることでしょう。

だからこそ、子どもたちと向き合うなかで、柔軟な思考を育んであげられるように。ただ遊ぶのではなく、遊びのなかに考える機会を与えるように。限られた時間を有効に使い、子どもの人間力を高められるよう工夫を凝らしてみてください。

私は子どもたちに絵本を読み聞かせる際に、ただ本を読んであげるのではなく、クイズを織り交ぜるようにしていました。

例えば『桃太郎』。物語では、桃太郎が鬼退治に向かう途中でイヌ、サル、キジに出会い、おばあさんに作ってもらったきびだんごをそれぞれ1つずつ渡しますが、そこでクイズです！

「じゃあ、きびだんごを3つ持って鬼退治に出かけた桃太郎が、途中で出会ったイヌ、サル、キジに（1個ずつではなく）半分ずつあげたとしたら、最後にどれだけのきびだんごが残るでしょう？」

子どもたちは自分なりに答えを出しますが、その答えに対して「そうそう、それも正解だね。よく考えられたね。でも、こういう考え方もあるんじゃない？」と、さらに考える機会を与えるように導きます。

そういった方法を私がとるようになったのは、ワーキングマザーになってからだったと思います。

なにせ時間がありませんから、子どもと一対一で向き合うことができる濃密な時間を無駄に過ごしたくはない。その短い時間を有意義に過ごすために、何ができるのか——模索するなかで思いついたのが、読み聞かせの効率化でした。

「読み聞かせ」とは、文字どおり「親が子どもに物語を読んで聞かせる」だけですから、基本的には子どもが発言する機会はほとんどありません。でも、それだけだともったいない気がしませんか？

「ようやく確保できたこの貴重な時間に、できるだけ多くのことを詰め込みたい」と考えた私は、クイズを入れるなりして自分でアレンジを加え、「読み聞かせ＋考えるトレーニング」の時間になるように工夫を凝らし、効率化を図っていたのです。

読み聞かせのほかにも、遊びや日常生活のなかに〝考えるトレーニング〟を織り込めないか、常日頃から意識する習慣をつけると良いかもしれません。

＊自分で考え、伝えようとしている子どもの声に耳を傾ける

親というのは「私はこう思う。だからあなたはこうしなさい」と〝自分が考えた、子どものためのベストな選択〟を強要しがちですが、子どもは親の所有物ではありません。「私はこう思うけれど、あなたはどう思う？」と、子ども自身が考えるように導いていただきたいのです。

忙しいとつい、あれこれ言ってくる子どもに対して「いいから黙ってお母さんの言うとおりにしていなさい！」と自分の考えを押しつけてしまうこともあるかもしれません。しかし「自分はこうしたい。それをお母さんに伝えたい」という気持ちが子どもに芽生え、行動に移すことは、すごい才能だと思うのです。

その才能は、活かしてあげないともったいないですよね？

たとえお母さんのなかで「それでも、自分はこうしてほしい」と結論が出ていたとしても、自分で考え、伝えようとしているお子さんの声に耳を傾けてほしいのです。

3 年に一度は"決意表明"を

＊クリスマスなどのイベントごとを大事にする

幼い頃に父親を亡くした子どもたちには、クリスマスや誕生日といったイベントを家族みんなでお祝いした思い出がありません。だからこそ、仕事がどんなに忙しくても、クリスマスやお誕生日、お正月、端午の節句といったイベントは大事にして、全部きちんとやってあげたいと思っていました。

クリスマスには必ずツリーを飾り、"サンタさんからのプレゼント"を用意する。私にとっても楽しい思い出ですが、一度だけ、長男が希望していたプレゼントを用意できなかったことがありました。

あまりに仕事が忙しく、クリスマスのギリギリにプレゼントを買いに行ったところ……何と売り切れ！　人気の商品だったのでしょう。仕方なく「哲朗くんへのプレゼントは手配済みだけど、届くのに時間がかかっているからちょっと待ってね」と〝サンタさんからの手紙〟を枕元に残しました。

息子は素直に受け入れてくれましたが、いま振り返ると「もっと早くから準備をしておけば良かった」と思います。

二人が大人になったいまでも、クリスマスやお誕生日にはみんなで集まり、プレゼントを贈り合うことを習慣としています。

私たち三人は夫、あるいは父親を早い時期に亡くしているので、ある種の寂しさや暗さがベースにあると思うのです。子どもたちもキャッキャとはしゃぐようなタイプではなかったですし、私を含め、三人ともどちらかというと寡黙なため、普段から必要以上に喋ることもありません。

ですが、そうやって集まったときにはやはり——会話は少ないものの——同じ悲しみを背負ったもの同士、固い絆で結ばれていることをひしひしと感じます。

そうやって一年に何度かプレゼントを贈り合う機会があるのは、私たち家族にとって重要なことなのかもしれません。

＊〝年頭の決意表明〟はいまでも大事なセレモニー

そんな私たち家族のなかで、いまでも続いている大切なセレモニーが〝年頭の決意表明〟です。

お正月に家族揃って年頭の挨拶をし、一人ひとり順番に一年の抱負を発表する。子どもたちが幼い頃から続けてきたセレモニーですが、次男は「ちゃんとしたことを言わないといけない」と、いつも緊張していたそうです。

しかし私は、何も「子どもたちに、立派な抱負を打ち立ててほしい」と思っていたわけではありません。年に一度、「自分はどうやって生きていくつもりなのか。何を成し遂げたいと思っているのか」を自分の言葉で発表することで、自分の生き方を本人に自覚させたかっただけなのです。

「元気に過ごします」とか「今年は受験があるからしっかり頑張ります」とか、当たり前のことでもあえて子どもの口から言わせる。それに対して「期待しています」、「絶対に成功するから、頑張ってください」とエールを送り、私自身も抱負を語る。その一連が、家族にとっての大事なイニシエーションとなるのです。

ちなみに今年もこのセレモニーは行ないました。

長男は一月下旬に出版された著書『火星の旅人 ―パーシヴァル・ローエルと世紀転換期アメリカ思想史―』が「売れるように頑張る」。

次男は家を出て一人暮らしを始めるので「生活を頑張る」。私は年齢と忙しさから体調を崩すことが増えてきたので「健康管理をしっかり行なう」と、それぞれ宣言しました。

毎年そんな程度のことを宣言し合っていますが、自分の口から言うことによって意識が高まりますし、お互いがいま何を大事にしているのかがわかるので、これからもずっと続けていきたいと思います。

4 怒るときには「ブレない」

＊親がブレると、子どもは「何が正しいのか」わからなくなる

基本的に私は子どもたちを褒めて伸ばすことを心がけていましたが、ときには怒ることもありました。それでも、理不尽な理由で子どもたちを怒ったことは、ただの一度もありません。

怒るときには怒るだけの理由が必ずありましたし、「以前はこのことで怒らなかったのに、今回は怒ってしまった」といった矛盾もありません。というのも、子どもを怒るときに、自分のなかにブレがあったらいけないと思ったからです。

親も人間ですから、完璧ではありません。その日の気分次第では、つい子どもに当たってしまいそうになることもあるとは思います。しかし、その感情をグッとこらえ、客観的な視点から「本当に子どもを怒るべきかどうか」の判断を下さないといけません。感情の赴くままに子どもを叱るような親のもとで育つと、子どもは混乱し、「何が正しいのか」がわからないまま大人になってしまいかねません。そうならないためにも、親は自分の感情をコントロールしながら子どもと向き合う必要があるのです。

特に我が家は〝父親〟という存在がいなかったため、褒めることも怒ることも、私ひとりで行なわなければなりませんでした。これが例えば、「お母さんは褒める役、お父さんは怒る役」と分担できれば、共通した〝ブレない軸〟をすり合わせながら、それぞれの役割に専念することができたのでしょう。

しかし、母親だけ、父親だけの場合は両方の役をひとりでこなさなければなりません。ですから、より〝ブレない〟ことを意識する必要があるのだと思います。

＊子どもにお金を渡す際は〝出処〟と〝用途〟を意識させる

私の場合、勉強や遊びについて子どもたちを叱ったことはほとんどないのですが、お金については強く叱ったことを覚えています。

子どもたちにはお小遣いとは別に、「登下校中に〝もしも〟のことがあったら使いなさい」とお金を渡していました。私が働いていたため、家から少し離れた小学校に自分たちで通っていた彼らには必要なお金でした。

しかし、長男の哲朗はそのお金のなかから余ったぶんをコツコツと積み立て、ほしかったゲームソフトを買ったのです。

内心では「おっとりしているように見えて、結構しっかり者なんだな」と感心しましたが、彼ではなく私が働いて稼いだお金です。それを「この用途に使いなさい」と渡しているのですから、少なくとも「これだけ余ったから、このお金でほしかったゲームソフトを買っていい？」と事前に確認をとるべきだと思ったのです。

哲朗にとっては〝母親からもらったお金〟という意味ではお小遣いも同じですから、一緒くたに考えていたのかもしれません。しかし私は、お金にはそれぞれ〝出処〟と〝用途〟があることを知ってほしかったのです。


次男の聖志にも似たようなことがありました。

あるとき「電子辞書を買った」と報告してきたので、「電子辞書を持っていたはずなのに、どうして新しいのを買ったの？」と聞くと「なくしたから」と言うのです。

いまから考えると、勝手に買えるようなお金を子どもに渡していた自分もいけなかったと思います。しかし、自分のミスから余計な出費が必要になり、お金の〝出処〟である私に相談することなく新しい電子辞書を買った聖志の行動が「道理に合っていない」のも事実。哲朗を叱ったときと同じ理由で、聖志も強く叱ったのでした。

「なぜ事前に相談しなかったのか」と尋ねたときに、「どうせ買わないといけないから、

（事前も事後も）同じでしょ」と答えた聖志にも不安を抱きました。

仕事で忙しくしていると、「とりあえず子どもにお金を渡しておけば、何かあったときも大丈夫だろう」とつい考えてしまいます。しかし、お金というのは魔物ですから、十分に気をつけて子どもに渡すようにしないといけません。

「これは自分で稼いだものではなく、〇〇のために親から与えられているお金なんだ」と自覚し、「〇〇のため」から外れるような使い方をする際は必ず〝出処〟である親に申告し、許可を得る。そうやって筋を通すことは、社会に出てからもあらゆる局面で求められます。

我が家のケースとしてお金にまつわるやり取りをご紹介しましたが、ほかのことで子どもを叱る際も同様です。子どもが成長して〝筋の通せる人間〟になるためにも、親がブレずにいることが大事だと私は思うのです。

5 ただ褒めるのではなく、一歩踏み込む

＊具体的な意見を添え〝学びの機会〟を増やす

私は子どもたちを褒めて伸ばすことを心がけていましたから、とにかく子どもの良い面を見つけるようにしていました。子どもを愛し、集中して観察していれば、おのずと言葉は出てきます。

子どもが描いた絵が（親から見て）うまくなかったとしても、最後まで根気よく描きあげた子どもの集中力は褒めるに値すると思うのです。

「もっと上手に描けなかったの？」ではなく、「よく頑張ってここまで描いたね、偉

いね」と、まず何よりも先に褒める。そのうえで、「ここをこうしたらもっと良くなるかもしれないね」と一緒に考えてみる。

何でもかんでも「ただ褒める」のではなく、一歩踏み込んだ意見を伝えることで、「お母さんは自分とちゃんと向き合ってくれているんだ」と子どもは理解します。

絵が上手に描けたならば、「すごいね〜、上手だね。特にこのキラキラしてるお花のところが、お母さんは好きだな。これはどうしてキラキラさせたの？」といったように、なるべく具体的に感想を伝えるように意識する。

具体的な内容に踏み込むことなく「わ〜、すごいね、上手だね」と抽象的に褒めることは簡単ですから、時間がないお母さんはついやってしまうかもしれません。しかし、それを続けていると、子どもの目にも〝お母さん＝何をやっても褒める人〟と映ってしまいかねません。

もちろん、まったく褒めない親よりも断然良いですし、子どもも自信がつくとは思いますが、〝学びの機会〟としての効果は薄くなる気がするのです。

怒るにしても褒めるにしても、具体的に「何が悪いのか・何が良いのか」を示すことが、子どもの成長につながるのではないかと私は思います。

＊子どもに合った褒め方で、たくさん褒める

ただし、ひとつだけ気をつけないといけないのは、具体的な感想を子どもに伝える際の〝伝え方〟です。

自分としては「思ったまま」を伝えているつもりでも、子どもにとっては「母から発せられた、自分に対する批判」としてネガティブに聞こえてしまう場合もありますから。過度に攻撃的にならないように、過度に自分の意見を押しつけないように配慮しながら、慎重に伝える必要があるでしょう。

また、お子さんのタイプによっては、ただ褒めたほうがいい場合もあります。

じっくりと思考するのではなく、そのときそのときの感情を優先するようなお子さ

次男を抱きしめて

んであれば、「お母さんに褒められた」という事実が重要であって、「どこが良かったのか」はまた別の話だからです。

反対に、じっくりと思考するようなお子さんであれば、「お母さんに褒められた」という事実とは別に、「自分の描いた絵は、こういうふうに受け止められるんだな」と、自分以外の人から発せられた客観的な意見に興味を示すでしょう――そこにはもちろん、「お母さんは適当なことを言わず、いつも真剣に向き合ってくれる」という信頼があることが前提ですが。

いずれにせよ、お子さんの性格や特性を注意深く観察しながら、それぞれに合う〝褒め方〟で、たくさんお子さんを褒めていただきたいのです。

第3章

〝環境づくり〟が自立への近道

幼い頃から子どもを観察し、子どもが好きなこと・得意なことが見えてきたら、次にやることは〝環境づくり〟です。子どもの特性が伸びるような環境をできる限り整えてあげる。勉強が得意な子には塾選びを、バレエが得意な子は留学を視野に入れても良いかもしれません。いずれにせよ、親が積極的に情報を収集し、ベストな環境を整えることが先決です。

そうして環境が整ったら、今度は子どもの自由を尊重してください。過度に子どもの行動を制限してしまったら、せっかく整えた環境が無意味になる可能性もありますし、何よりも、子どもがいつまで経っても自立しません。つい口を出してしまいそうなときも、グッとこらえて子どもを見守る。その姿勢が大切なのです。

1　得意なものを伸ばすための〝環境〟をつくる

＊親は「子どもの環境を整えること」に集中すべき

10歳を過ぎたあたりから、子どもは自分を取り巻く世の中のことがわかってきます。自分の世界観ができ、親との考え方の違いに気づくのもこの時期でしょう。

そうなってからの親の役割は〝環境づくり〟です。幼い頃から子どもを観察し、ぼんやりとでもその特性が見えてきていますから、それを伸ばす環境を整えることに集中していただきたいのです。

我が家の場合は、二人とも「どうやら〝学ぶこと〟が好きな子どもらしい」と感じためため、あらゆる情報を収集しつつ、彼らが学ぶための環境をできる限り整えることに専念しました。

「学ぶための環境を整える」と言っても、「子どもたちがわからないところは、自分が教えてあげないと！」と、親が子どもの勉強内容に詳しくなる必要はまったくありません。良い学校や良い塾を見つけることができれば、あとは先生方にお任せすれば良いのですから。

具体的にどのように環境を整えていったのか——我が家のケースをご紹介します。

兄弟ともに学習院初等科、学習院中等科、筑波大学附属駒場高等学校、東京大学という経歴からわかるように、二人とも小学校受験、高校受験、大学受験を経験しています。小学校受験については前述したとおりですが、高校受験と大学受験に関しては、基本的に本人たちが志望校を決めています。ただ、「学ぶための環境」として、塾はすべて私が選びました。

＊塾選びのポイントは「実際に自分で見に行くこと」

塾を選ぶうえで重視したのは「評判が良いか、合格者数が多いか」といったごく当たり前のことでした。加えて、必ず行なったのは「実際に自分で見に行くこと」。

塾といえども、そこで出会う人たちは子どもの人格形成に大きな影響を及ぼします。ですから、まずは自分で行って「うちの子どもを通わせたいと思っているのですが」と声をかけ、対応してくれた人の話し方や雰囲気を観察するようにしていました。それぞれ違う塾生たちの様子も判断材料にします。

そうして選んだ結果、うちの子どもたちは中学ではNEXUS（ネクサス）、高校ではSAPIX（サピックス）高田馬場校、Gnoble（グノーブル）に通っていましたが、「塾を変えてほしい」といった要望があがることはありませんでした。「塾に行きたくない」と言われることも一切なかったので、良い環境のもと、ストレスなく通い続けることができたのでしょう。

一度だけ、次男の聖志が伸び悩んでいたときに「個人指導を受けたい」と願い出てきたことがありました。私はすぐに候補の学生たちを面接し、そのなかから学力が高く、かつ、最も子どもに合っていそうな人を選んで家庭教師をお願いしました。その選択も間違っていなかったようで、次男も東大に進学することができたのです。

前述のとおり、志望校は本人たちが自分で決めましたが、そのときに参考にしていたのが、私がつくった〝受験日マトリックス〟です。各校の受験日程が複雑に入り組んでいたため、これをもとに「この大学を受けたかったら、同じ日に試験のあるこっちは受けられない」とか「AとBは一次試験は被らないけれど二次試験は被るから、どっちを受けるかあらかじめ決めておいたほうがいい」といったアドバイスをしたものです。

繰り返しになりますが、子どもが得意とするものを伸ばすための環境をつくるのは親の務めです。

我が家の場合は〝学びのための環境〟を整えましたが、サッカーが好きで得意なお子さんでしたら、小さいうちから強豪のサッカークラブやJリーグの下部組織に入れるための準備を行なう。夏休みには海外のクラブチームが主催するキャンプに参加させたりするなど、子どもの可能性を広げるための環境づくりに尽力していただきたいと思うのです。

2 整った〝環境〟のもと、子どもの自由を尊重する

＊子どもをしっかり観察し「子離れ」のタイミングを逃さない

これまでお伝えしてきたとおり、子どもが自分で考え判断できるようになるまでは、集中して子どもを観察し、特性を見極め、その子が得意としているものを伸ばすような環境をつくる。それが親の務めだと私は考えます。

そうして整えられた環境のなか、子どもが自分で考え判断し、自分なりにベストな選択ができるようになってきたら、親は子どもの領域に一切関与しない。つまり、「子離れする」というのが親としての理想の在り方だと思います。

もちろん、子どもの内面的な成長度合いによって、子離れする時期はそれぞれ異なるでしょう。

子どもが親の庇護を求めているのに、「忙しくて構ってあげられないし、もう中学生なんだから、突き放しても大丈夫だろう」と自分勝手に子離れを急いでしまうと、子どもは構ってほしさに問題行動を起こしかねません。反対に、「まだこの子には私が必要なはず」といつまでも子離れできない親は、子どもの成長を妨げる存在になりかねません。

「もう子離れしても大丈夫かな？　でもちょっと心配だな」とお悩みのお母さんも多いことでしょう。実際のところ、子離れのタイミングを見極めるのはなかなか難しいと思います。しかし、これもやはり子どもを集中して観察するほかに方法はないのです。

多少嫌がられようが、子どもに関心を持って徹底的に観察する。そうしてタイミングを逃さずに子離れできさえすれば、子どもは自分の足で、自分の道を歩んでいくことでしょう。

＊子離れ＝子どもの自由を尊重すること

子離れと言っても、「子どもへの関心を無くしなさい」というわけではありません。
子離れとは「子どもの自由を尊重すること」だと私は思うのです。もちろん、子どもが得意としているものを伸ばすための環境づくりは、子離れしていようがいまいが、子どもが独り立ちするまでは親の務めとして続きます。

「子どもの自由を尊重する」というのは、例えば「○○しなさい・○○してはダメ」と子どもの行動を制限しない、子どもが自ら考え導き出したことについて否定・批判を行なわない、子どもが求めるとき以外は必要以上に関与しない、ということです。

我が家を例にとると、私は子どもたちに「勉強しなさい」、「ゲームをしてはダメ」、「このテレビ番組は観ちゃいけない」、「ちゃんと勉強したの？」などと言ったことは一切ありません。もちろん、「東大を受けなさい」、「聖志もお兄ちゃんと同じ筑駒に行きなさい」とも言いませんでした。

二人ともゲームや映画が大好きでしたから、「好きなことはやったらいい」と自由にさせていました。私がフジテレビに勤めていたため、エンターテインメントに抵抗がなかったことも理由としてはあるのかもしれません。

夜に仕事から帰ると、二人が並んで映画を観ていることが多かったのですが、何を観ていようが私は一切構いませんでした。

自分がいない時間、二人が楽しんでいてくれるだけで嬉しかったので、ゲームであろうが映画であろうが、何でも良かったのです。

そういった〝自由にさせ具合〟もお子さんのタイプによって多少は変わってくるのかもしれません。うちの子どもたちは親に管理されるよりも、自分で自分を管理するほうが好きでしたから、うまく機能したのでしょう。

もしも「成績が急激に下がった」とか「急に夜遊びをし始めた」といった、明らかに良くない方向へ進むようなことが起こっていたとしたら、私も子どもの領域に介入していたとは思います。しかし、幸いにもそういったことがなかったため、過度に踏み込むようなことはせず、柱の陰から見守るような接し方ができたのだと思います。

3 自由な子どもは、おのずと自立する

＊試験前には自分でゲームを封印していた子どもたち

私から子どもたちに制限をかけるようなことは一切なかったので、彼らは彼らなりのルールを自分たちに課していたようです。

私が仕事から帰る時間までにゲームを終わらせる（＝20時過ぎまでダラダラとゲームをしない）、寝不足になるほどの夜更かしはしない、その日にすべき勉強を終わらせてからゲームやテレビの時間を設ける――。

紙に書いて貼り出したり、私に「こういうルールを作りました」と報告したりすることはありませんでしたが、これらは子どもたちが自発的にやり始め、家族のなかで

暗黙の了解として共有されるルールになりました。

なかでも印象深かったのは、試験を控えた彼らが地下のトランクルームにゲームをしまっていたことです。

特に次男の聖志はゲームが大好きでしたから、かなりの決意を持って自分自身の行動を制限していたのだと思います。勉強が自分にとってどれだけ大きいことなのか、彼らは自覚していたのでしょう。試験期間中、子どもたちがゲームに手をつけることは一度もありませんでした。

このように、自己管理型の子どもは、環境を整えてあげさえすれば自分で考え、計画を立てることができるのです。ほとんどすべてが自由でしたから、自分で自分をコントロールするしか方法はなく、ますます自己管理能力が高まっていったのではないかと思います。

問題行動に走らなかったのも、与えられた環境のなかで自分自身を管理するほうが、あれこれ親に言われるよりもストレスなく過ごせたからだと思います。

＊志望校選びも子どもに委ねる

志望校についても、彼らは自分で考え選択しています。

二人とも小学校から学習院に通っていたので、そのまま大学まで進むこともできたのですが、自分たちで高校を受験すると決め、塾の先生方と相談しながら志望校を決めていったようです。

哲朗については、私からは「早稲田や慶應を狙っているんだったら、大学受験よりも高校受験で合格しておけば、楽しい高校生活が送れるんじゃない？」といった程度のアドバイスしかしていません。そうして高校受験を目指して塾に通い始めたところ、思った以上に成績が良かったため「もっと上を目指せるのではないか」という先生のアドバイスで志望校を決めていったのです。

ここで志望校のランクを上げず、当初の目標だった早稲田や慶應に高校から入る道もあったと思いますが、〝学ぶこと〟が好きで得意な子どもでしたから、自分なりに上を目指したかったのかもしれません。私は何も言わず、ただ見守っていました。唯一やったことといえば、受験日マトリックスをつくってあげたくらいです。

次男の聖志はそんな兄の姿を見て育ったので、「自分も兄と同じ道を目指そう」と考えたのでしょう。聖志の選択について、やはり私からは何も言いませんでした。というのも、聖志も〝学ぶこと〟が好きで得意な子どもでしたから、「兄と同じ道を目指す」というのは、不可能な選択ではないと思ったからです。

これがもし、「明らかに学力が足りていないのに、無理して志望校のランクを上げているのではないか？」と感じていたら、私なりにアドバイスはしたかもしれませんが、基本的には本人の意志に委ねると決めていたので、彼自身の選択を尊重しました。

＊子どものペースを尊重し、見守りながらサポートする

勉強の仕方も、子どもたちは自分でいろいろと工夫していたようです。私はそれをサポートすることだけに集中していました。

二人ともひたすら書いて覚えるタイプだったので、紙やペンがきれることのないよう、常にたくさん用意していました。本当に些細なことかもしれませんが、それぞれのペースで勉強している子どもたちの邪魔にならないように。それでいて、無関心なのではなく「あなたたちの頑張りをちゃんと見ているよ」という意識を持って、私は私なりにエールを送っていたのだと思います。

夫、父親を早くに亡くした私たちは、根本に「何が起こるかわからないから、人に依存しないで生きていけるようにならなければ」という思いが少なからずあったのかもしれません。子どもたちが幼い頃は私も手をかけていましたが、それでも彼らには

どこか、自立しているようなところがありました。

例えば夏休みの宿題なども、私が何も言わずとも計画を立て、期間内にしっかりと終わらせるような子どもたちでしたから。そういった意味で、うちの子どもたちは「環境を整え、その範囲内で自由にさせる」教育方針が最も適したタイプだったのかもしれません。

しかし、どんなタイプのお子さんでも、その子が得意としているものを伸ばすような環境づくりができたのならば――お試しでも良いので――子どもの自由を尊重してみてはいかがでしょうか。

4 適度なプレッシャー&見守る姿勢を忘れずに

＊成績表の結果を子どもに電話で伝えさせることの意味

「子どもが自分の特性を伸ばせるように親が環境を整え、その範囲内では子どもの自由を尊重する」というのが私の教育方針です。

しかし、子どもたちを完全に放置していたわけではありません。さりげないサポートで「あなたの頑張りをちゃんと見ているよ」とエールを送ることはもちろんですが、ときに適度なプレッシャーを与えることも必要だと思い、実践していたのです。

私は子どもたちに、終業式で成績表をもらったら必ず電話で結果を伝えることを約束させていました。終業式から帰宅した子どもたちが、仕事で外に出ている私に電話をかけてきて、「5はいくつ、4はいくつ、3はいくつありました。国語は5、算数は4……」と報告するのです。

なぜそのようなことをしていたかというと、まずひとつは、成績表というのはそれだけ大事なものだということを子どもたちに自覚してほしかったからです。日々の学習を積み上げた結果が成績表に表れるのですから、軽んじてほしくはないと思っていました。

もうひとつは、自分の口から結果を言うことで「いま自分は、どの教科の学習が足りていないのか」といったことを意識できるからです。

電話での報告は〝子どもが自分の口で言う〟ことが目的なので、深く問い詰めるようなことはせず、「5がちょっと少ないね。もっと頑張らないとね」くらいの簡単な感想を伝えます。そして、家に帰って実際に成績表を見ながら「この前は算数で5が取れていたのに、今回は4だね。何が原因だとあなたは思っているの？」と、必ず一緒に考察します。

つい最近二人が言っていたのですが、子どもたちにとって、この〝成績表の報告〟はかなりのプレッシャーだったようです。「勉強しなさい」とも言われないし、ゲームをやるのも自由でしたが、結果はきっちりと見られるというのは、なかなか緊張するものがあったとのこと。特に成績が悪かったときは、強く怒られたりはしなかったものの、静かなプレッシャーを感じたと振り返っていました。

＊過程ではなく結果を聞いて自主性を伸ばす

成績表以外でも、日常のちょっとした会話のなかで「今日のテストの結果はどうだった?」とか「こないだの模試は全国で何番くらいだったの?」といった、〝結果〟を聞くことは意識していました。

「過程については干渉しないけれど、結果は必ずチェックしますよ」というスタンスでいることで、子どもたちは〝良い結果〟を目指し、自分のペースとやり方で、自分自身をコントロールしていくようになるのです。

親御さんのなかには、子どもの自主性を重んじるがあまり、「テストの点はもちろん、成績表すら確認しない」という方もいらっしゃいますが、それはちょっと違うのではないかと私は思うのです。

過保護すぎるのも良くありませんが、子どもが自分に一番注意を向けてほしいと思う人は、やはり親ですから。親が子どもに無関心だと、子どものやる気も削がれてしまいますし、寂しさゆえの問題行動に走ってしまいかねません。

忙しく働いているお母さんがお子さんと向き合える時間は一日のうち、ごく限られているとは思いますが、〝結果〟を尋ねるぐらいはできるはず。

サッカーに取り組んでいるお子さんでしたら「今日は勝ったの？　何対何だった？　あなたはゴールを決めたの？」と。絵に取り組んでいるお子さんでしたら「今日は何を描いたの？　見せてちょうだい。先生の評価は？」と。いくらでも言葉は出てくるはずです。

2001年4月7日　長男が学習院中等科に進学

Column

夫との出会いと別れ、そして第2ステージへ

●生きるパワーに満ちた、入江敏彦との出会い

私は両親が35歳を過ぎて生まれた一人っ子でした。

「子どもの教育には良い環境が大切」と考える厳しい母と、文化や芸術を重んじる優しい父に育てられ、幼稚園から大学までを成城学園で過ごしました。

遅く生まれた一人娘である私を「どうしても私立の一貫校に入れたい」と両親は思ったようで、成城幼稚園に途中入園してから大学まで、ずっと成城学園です。

のびのびとした校風で学校は好きでしたが、大学時代は外に意識が向かい、他学校の女子

父と

大生たちが集まって起業した「株式会社コスモピア」という組織に所属します。

　モーターショーや万博のパビリオンなどでコンパニオンとして働いていた女子大生たちが、「ただのコンパニオンとして扱われるのではなく、しっかりと知識を身につけた〝コミュニケーター〟として仕事を請け負いたい」と立ち上げた会社でした。

　コミュニケーターとして活動しながら人材育成にも携わっていたなか、フジテレビから「女子大生に天気予報を読ませたい」という相談があり、コスモピアは私を含めた女子大生の数名をオーディションに派遣したのでした。
いまでこそ、女子大生がテレビ番組で天気予報を読むのは当たり前になっていますが、当時はまだどの局もやっていない、初の試みです。オーディションに合格し『ニュースセンター630』という番組の〝お天気お姉さん〟となった私でしたが、正直なところ、あまり前向きではありませんでした。ある程度は喋ることができましたが、やはり素人だったので上手にできているとは思えなかったからです。

そんななか、当時フジテレビの報道記者をされていた現・神奈川県知事の黒岩祐治さんから「うちの一年生記者と食事会をしないか？」と誘われて出会ったのが——のちの夫となる入江敏彦でした。
彼は一年生記者で、私はお天気お姉さん。お互いに忙しくしつつも交際を続け、私が卒業する頃には婚約をしたのでした。仕事の合間を縫って、卒業式に花束を持って迎えに来てくれたことを、いまでもよく覚えています。

一人っ子のうえ地元の友達もおらず、孤独な子ども時代を送っていた私にはどこか暗い部分がありました。そんな私でしたから、明るく、人付き合いも良く、正義感に溢れていた入江はキラキラと輝いて見え、「人類が滅びようとも、この人だけは死なないだろう」と確信できるような力強さがありました。

それでも、取材中は辛い思いもあったのでしょう。取材で世界のあちこちを飛び回っていた入江から、「ひどい事件現場を見たから、どうしても声が聞きたくなった」とよく電話がかかってきたものです。

●尊敬する夫を、家庭に入って支えたい

大学を卒業した私はコスモピアを辞め、帝国データバンクで副社長の秘書として働くようになります。お天気お姉さんのときとは違い、秘書という仕事は自分に向いていると思いました。というのも、自分が前に出て目立つよりも、尊敬する人を支えるために一生懸命働くことが私は好きなんだと気づいたからです。

そのスタンスは、「夫や子どもたちを支えるために生きよう」と思った、のちの自分にも当てはまるところがありました。

1986年、24歳で結婚

そうして好きな仕事に邁進する日々をしばらくは送っていましたが、入江と結婚し、長男の哲朗が生まれたことで専業主婦の道を選びます。前向きで決断力のある夫を心から尊敬し、彼のために家事をしたり、子どもを産んで育てることが自分の幸せだと思ったからです。私はそのとき、26歳でした。

それから3年後、夫がフジテレビのカイロ支局長に就任したため、家族でエジプトのカイロに移り住むことになりました。

知り合いもいないなか、2歳になったばかりの息子を抱え、停電や断水を繰り返す生活。辛かったことも多かったですし、疲れを感じることもありました。しかし、夫がずっと望んでいたカイロ特派員ですから、自分たちのことで夫の夢を壊したくない、夫の手を煩わせたくないと気丈に振る舞っていた部分もあったかもしれません。

夫は相変わらず取材のためにあちこち飛び回っていましたが、自宅にいるときは哲朗の面倒をよくみてくれて、二人で砂漠にキャンプをしに行ったりもしていました。

そんな折、二人目の妊娠がわかり、出産に向けてイスラエルに移り住むことを私は夫に提案します。子どもを産むにはカイロの医療状況が悪すぎたため、どうしてもイスラエルで出産したかったのです。その提案は夫にとっても好都合でした。というのも、ちょうどその時期、中東和平交渉が進展し、イスラエルでの取材が多くなると予想されていたからです。

カイロから陸路でイスラエルに渡りましたが、街並みの違いには本当に驚かされました。出産のために選んだ病院もホテルのように快適で、何のストレスもなく次男の聖志を生むことができました。一九九四年一月二日のことです。

1994年6月28日　イスラエル・エルサレムにて

●カイロでの生活も、残すところ数カ月

次男を出産し、イスラエルからカイロに戻ってきた私たちは、４年に及んだカイロ支局勤めもあと数カ月で終わるということで、日本に帰国する準備を着々と進めていました。なかでも大きかったのは、長男・哲朗の進学問題です。

私と異なり、高校まで公立の学校に通っていた夫は当初、息子の私立小学校受験に積極的ではない様子でした。しかし、外国で暮らしたことで「きちんとした子どもは、それなりのプライベートスクールに通い、しっかりとした教育を受けている」という実感を持つに至り、哲朗の私立受験を決意します。

「一度決めたからには、絶対に成功させる」という熱意のもと、夫は過密スケジュールのなか哲朗の小学校受験のために日本へ一時帰国し、親子面接試験を私たちとともに受けてくれたのです。

哲朗の受験も終わり、再びカイロで帰国の準備を進めている間も、夫はザイール（当時）・ゴマでの取材に向けて各所と連絡を取っていました。三度目となるゴマ取材は、自衛隊がル

1993年6月19日　ローマ・コロッセウムにて

ワンダ難民救援活動から撤退するということで、その様子をリポートするのが目的だったのです。

ナイロビからゴマ入りする予定だった夫は自衛隊機に同乗させてもらえるように動いていました。しかし、十二月二日にナイロビ入りした段階でもはっきりとした返事がもらえなかったため、共同通信ナイロビ支局長の沼沢均さんが手配したチャーター機に乗せてもらうことにしたのです。

ナイロビ入りしてからというもの、夫はほぼ毎日のように電話をかけてきました。

1994年6月

「日本に帰ったら、どんな生活をするのかなあ……」

哲朗も小学校入学を控えていましたから、家族みんなが新しいスタートをきることになる一九九五年に思いを馳せ、夫は感慨深げに話していました。

「今年は聖志を生んで、哲朗を受験させて、エネルギーを使い果たしたっていう感じ。でも、何もかもうまくいって、嘘みたいね」

「これでみんな健康で帰国できれば『カイロは良かった』で終わるんだ」

そんな言葉を交わしたことを覚えています。

私のカレンダーには、夫がカイロに戻

1994年12月6日　私が焼いたバースデイケーキ

る予定の十二月二十二日に「パパ帰る」と大きく丸がつけられていました。

●夫との突然の別れ、そして帰国

一九九四年十二月六日。

私は朝からケーキを焼いたり、食事の準備をしたりと大忙しでした。十一月二十五日に6歳の誕生日を迎えた長男・哲朗の少し遅い誕生日パーティーがこの日開かれることになっていたからです。

そんな折、カイロの日本大使館領事部から電話が入ったのでした。

「フジテレビのチャーターしたヘリコプターがカイロで墜落したとの情報が入っ

たのですが、本当ですか？」

「主人はいまカイロにおりませんので、それは違うと思います」

電話を切ったものの、違和感を覚えた私はすぐに東京のフジテレビ外信部に問い合わせました。すると、部長が出てきてこう言うのです。

「未確認ですが、入江君の乗ったチャーター機が墜落した情報が入って……」

事情を知る由もない哲朗の友人たちが次々にやってくるなか、電話はとぎれることなく鳴り続け、墜落の事実が徐々に現実味を帯びてきました。それでも私は夫が生きていると確信していたのです。「あれだけタフな人が、飛行機事故で死ぬなんてことはない。きっと生きて救助を待っているはずだ」と。

そんな思いをかき消すように、自宅には「入江氏のご冥福をお祈りします」といった旨のファクシミリが続々と入り、避けることのできない現実が眼前に迫ってきていたのでした。

その２日後――ナイロビ市内の遺体安置所で、私は夫と再会を果たします。

小さくなった身体には包帯が巻かれていたため、本当に夫かどうかがわかりません。「包帯をとってほしい」とお願いしたところ、日本大使館の方は躊躇《ためら》いながらも頭部の包帯をほどいてくださいました。

そこには、真っ黒に焼け焦げた入江敏彦がいました。あまりに凄惨な現実に、入江の父・雄三と兄・武彦は「見てはならない」と母・弓子を押し止めたほど。

一方、「どんな姿になっていようと、夫を残らず目に焼きつけておきたい」と思っていた私は夫の姿を見るや否や、思わず遺体を抱きかかえ、その頭を撫でていたのでした。気づくと部屋には私ひとりになっており、夫と私は二人だけの最後の時間を静かに過ごすことができたのです。

「全部私が見届けたから、心配しないでね」

夫の頭を撫でるたびに煤《すす》で黒くなる掌。ほんの少しだけ頭部に残っていた髪の毛。それらのすべてが愛おしく、永遠に目に焼きつけておきたいと思うのでした。

夫を失った私たちは、悲しみとともに日本へ帰国します。妻として、母として、新しい生活が始まるはずだった日本で、6歳の長男・哲朗と11カ月の次男・聖志を抱えた私には途方に暮れている暇などありませんでした。

幼くして父親を亡くしたこの可哀想な子どもたちのために、「私がやらなければいけない」という思いが強く湧いてきたのです。

子どもたちが寝た後、夫のことを思い出して泣く夜もありましたが、子どもたちの前では笑顔でいたい。何より私自身、あの恐ろしい出来事によってどん底に突き落とされた人生からリボーンしたかった。

「ここから人生の〝第2ステージ〟を始めるんだ」と、32歳の私は自分自身を奮い立たせていたのだと思います。

そうして始まった人生の第2ステージ。指針はもちろん「三人の子どもをしっかりと世に送り出すこと」でした。

哲朗7歳、聖志2歳

第4章

「生きていてくれて、ありがとう」が大前提

これまでの章では、子どもを「生き抜く力を持った〝自立した人間〟に育てる」ために私が行なったことをご紹介しました。しかしそれ以前に、親と子どものつながりのなかで、何にも増して大切なことがあるというのを忘れないでいただきたいのです。

何度注意しても言うことをきかない。反抗期で生意気なことを言うようになった。思春期でまったく話してくれなくなった。そんな子どもを、ときに苛立たしく思うかもしれません。我が家でも反抗期で口も聞いてくれない、目も合わせてくれない、という時期がありました。

しかし、「子どもが生きて、この世に存在してくれるだけでありがたい」と思う気持ちが根底にありさえすれば、どんなことだって乗り越えられると私は思うのです。

1 子どもが生きていてくれるだけで十分

＊子どもが成長し生きているのは奇跡でもある

亡くなった夫の最後の姿というのは焼け焦げた状態でした。そういった経験をしている私にとって、子どもたちがこの世に生きて存在してくれているだけで本当にありがたいのです。

子どもに対する思いがそこから始まっているので、もしかすると私は、周りのお母さんたちに比べたら寛容なのかもしれません。子どもたちが幼い頃からほとんど怒らず、子どもの自由にさせていたのは、そういった理由もあったのだと思います。

子どもは生まれる場所も親も選べません。そう考えると、うちの子たちは我が家に生まれてきた時点ですでに、大きな十字架を背負っていたのです。次男に至っては11カ月で血のつながった父親を亡くしていますから、何も覚えていないし、父親と触れ合った思い出もありません。

「十字架を背負ったこの可哀想な子どもたちを育ててあげるために、私は生きている」と思っていましたから、彼らが成長し生きているというだけで、奇跡のような気がするのです。

長男の哲朗は今年で32歳になるので、夫が生きていたぶんだけ歳を重ねたことになります。夫のような力漲る人が「行ってくるよ」と家を出て行き、次に会ったときは焼け焦げて死んでいる。そういったことが人生には起こり得ることを私は知っていますので、子どもたちが成長し、自分の道を一生懸命進んでくれているだけで十分幸せなのです。

どんなに仕事で疲れて帰ろうが、子どもたちの顔を見ると自然と笑顔になれましたし、居てくれるだけでありがたかった。ですから、子どもに当たるようなこともありませんでした。

子どもたちがふざけているのを見て、普通だったら「何バカなことをやっているの？いい加減にしなさい！」と怒るのかもしれませんが、「こんなに楽しそうに、元気でいてくれるなんて、本当に幸せだなあ」と眺めるような母親でした。

そういう意味では、我が家は少し極端な例になるのかもしれません。しかし、「子どもが生きていてくれるだけでありがたい」というのは世界中のどこでも、揺るがぬ事実だと思うのです。そのことを頭の片隅に置いて、お子さんと接していただければ嬉しいです。

＊親は一生、子どもの味方であるべき

私はいつも息子たちに「あなたたちにどんなことが起ころうとも、私は必ず味方でいるから」と伝えています。

健康で、良い大学を出て、良い仕事に就いていたとしても、人生には何が起こるか

わかりません。交通事故を起こしたり、重い病気にかかったり、何か大変なトラブルに巻き込まれたり――。

いまは素晴らしい人生を過ごしていても、それが未来永劫続いていくとは限らないのです。それでも私は、何があっても子どもたちの味方でありたいと思います。「世の中の全員があなたのことを認めないと言って悪者扱いをされたとしても、私は必ずあなたの側に立って、状況を打開しようと頑張るからね」と。

たとえ離れて暮らしていようと、親は子どもに対して一生そういった立場であるべきだと私は思うのです。

どんな子どもでも少なからず孤独を抱えています。思春期には「誰も自分のことをわかってくれない」と悩むこともあるでしょう。その孤独感をどのように克服していくかは、子どもによって変わってくるとは思いますが、「どんなことが起ころうと、必ず自分の側に立って支えてくれる〝親〟という存在がいる」と思えたら、子どもは何だって乗り越えられるのではないでしょうか。

2 子どもの良いところをたくさん褒める

＊反面教師となった母の姿勢

専業主婦だった私の母は、一人娘である私をかなり厳しく育てました。

成城幼稚園に通っていた当時は新宿に住んでいたので、小田急線の新宿駅から電車に乗って成城学園前まで行く必要があったのですが、母は最初から「この電車に乗って、一人で行きなさい」と言い、送り迎えをするようなことはありませんでした。

途中の駅から同級生とそのお母さんが乗ってくる約束にはなっていましたが、いま改めて振り返ると、幼稚園児にはなかなか厳しい試練だったのではないかと思います。

加えて、歯に衣《きぬ》着せず思ったことを何でもズバズバ言うタイプの母でした。「あなたが落ち着きないから、幼稚園の試験に落ちたのよ」とか「何を着せても本当に似合わなくて、可愛くないわね」といったことを、日頃からかなり頻繁に言われていたのを覚えています。母の機嫌が悪いときには、大した理由がなくても怒られることがありました。

「○○をしてはいけない」と、行動に制限をかけられることもしょっちゅうです。バスケットボール部に入りたかった私に「絶対に入ってはいけない」、放課後にみんなとドッジボールをしたかった私に「遊ばずに、すぐに家に帰って来なさい」、お稽古事でバレエを習いたかった私に「バレエはダメ。ピアノと英語をやりなさい」と、母はきつく言うのです。自転車に乗ることも許されなかったので、いまだに私は自転車に乗ることができません。

そうやって母から行動を制限されることに対して、逆らうようなことはありませんでした。一日のうち多くの時間をともに過ごす〝最も身近な大人〟である母親の言うことは絶対で、有無を言わさぬ強制力があったのだと思います。

母がなぜそれほどまでに、私の行動を制限していたのかは、いまとなってはわかりません。きっと、遅くに生まれた一人娘を母なりに大事に育てているつもりだったのでしょう。しかし、私が子どもたちと向き合う際に、そういった母の姿勢が反面教師となっていたのは事実だと思います。

子どもたちを理不尽な理由で怒ったりしない。感情の赴くままに当たらない。必要以上に子どもたちの行動を制限しない。そういった、子育てにおける私のスタンスが確立された背景には――もちろん、それぞれに理由があることは、すでにお伝えしてきたとおりですが――私自身の幼少期の体験が大きく関わっているとも言えるのです。

＊人を育てる＝良いところを引き出し育てること

子育てのなかで特に私が大事にしていたのは、子どもの良いところをたくさん褒めることです。

子育てでも人材育成でも同じですが、「人を育てる」というのは、悪いところをあげつらうのではなく、その人の良いところを引き出し育てることだと思うのです。

どんな子どもにも向き不向きがあり、できないことはどうしたってできないのです。それでも一生懸命やろうとしている子どもを、できないからと叱るのではなく、できることを与えて褒めてあげる。それが「育てる」ことなのではないでしょうか。少なくとも私は、そうやって子どもたちを育ててきました。

加えて、「親にどれだけ褒められ、肯定されてきたか」が子どもの人格形成に大きく影響を及ぼすと考えていた私は、我が子の成長に合わせてアプローチを変えながら、とにかくたくさん子どもを褒めるように心がけていました。

10歳ぐらいまでの子どもは、単純に褒められることが嬉しいので、「え～！　どうしてこんなにできたの～!?　えらいね～！」とぎゅっと抱きしめたり、「わ～、こんなことまでできるんだ！　すごいね～！」と頭を撫でたりと、オーバー気味に褒めるようにしていました。

小学校高学年にもなると、褒められるよりも自己を肯定されることのほうが子どもにとっては重要になってきます。そこで、より具体的に「久しぶりにあなたが泳いでる姿を見たけれど、前より上手になったね。そんなに上手になってるとは知らなかったよ。すごいね」とか「ゲームするのを我慢してテスト勉強してるの？　偉いね。頑張ってるんだね」といったように、子どもの進歩や頑張りを褒めるように意識しました。

それ以降は第3章でもご紹介したとおり、ただ褒めるのではなく一歩踏み込んだ意見も伝えながら、子どもの成長を見守る。そんなふうに、私は常に子どもを褒めてきました。

いま現在、子育てにお悩み中のお母さんは「子どもをきちんと褒めているだろうか？」と振り返ってみてください。

毎日忙しくされているなかで、子どもを褒めることまで手が回っていなかった、というお母さんもいらっしゃるでしょう。でも、大丈夫。いますぐにだって始められることです。ぜひお子さんをたくさん褒めてあげるようにしてください。

3 時間がないなかでも、子どもとの接点をつくる

＊親の温もりが感じられる、手書きの「連絡ノート」

子どもが幼い頃から私はフルタイムで働いていたので、親子で一緒にいられる時間が少なくなるのは必然でした。それでも、できるだけ子どもと接していたい——。直接顔を合わせて話すのは難しくても、何か別の方法で子どもとコミュニケーションをとることができないかと、自分なりにいろいろと模索していたように思います。

例えば、長男・哲朗とは「連絡ノート」を頻繁にやり取りしていました。

当時彼はまだ小学生でしたが、私が仕事で家にいない間は5歳下の弟にも目を配り、

ベビーシッターさんと連携する必要がありました。いま振り返ってみても、長男にはたくさんの負担をかけていたと思います。それでも彼は文句ひとつ言わず、黙々と自分の役割をこなしていたのです。

そうやって頑張ってくれている長男が孤独にならないためにも、小学校から帰ったときに目につくように感謝や励ましのメッセージを毎日残し、彼も返事を書き込むという、交換日記のようなノートのやり取りをしていたのです。

メッセージといっても大仰なものではなく、「おかえり。今日は水泳教室頑張ってね」とか「今日は少し遅くなるから、聖志をお願いね。いつもありがとう」といった簡単なものでしたから、時間がないなかでも毎日続けることができました。

いまの時代、SNSで頻繁にお子さんとやり取りすることができるとは思いますが、親の〝温もり〟が直に込められている手書きのメッセージも大切なコミュニケーションツールのひとつとして残しておきたいものです。

ほかにも――私は覚えていなかったのですが――仕事から帰るときには必ず家の近

くで電話をかけていたそうです。電話を切った後、子どもたちが家の窓から顔を出すと、道を歩く私が手を振っている。本当に些細なやり取りですが、子どもたちの記憶のなかには〝嬉しかった思い出〟としていまだに残っているとのことでした。

前述したように、クリスマスやお誕生日、お正月といった一年を通しての行事は手を抜かずにきちんとやる。子どもと向き合う時間はとにかく集中する。それでもやはり、働くお母さんを持つお子さんは、心のどこかで寂しさを感じているかもしれません。

ですから、お母さんにはお子さんとの接点をなるべく多くつくっていただきたいのです。

＊家族が顔を合わせる機会を、いつまでも大事にしたい

我が家では、子どもたちが大人になったいまでも、月に一度は必ず三人で食事をする機会を設けるようにしています。家族が揃って顔を合わせる場を大事にしたいと私は思っているので、たとえ会話は少なくても、顔を見ながら一緒に食事をしたり、話

したいのです。

「博士論文はどう？」、「仕事は忙しい？」、「スターウォーズ観た？」といった何気ない会話ですが、その場に流れる空気からは、お互いへの信頼と尊敬が感じられます。

次男の聖志が大学生になって最初の夏休みに、家族三人でケニア、ナイロビ、カイロ、イスラエルを巡り、夫の軌跡を辿ったこともありました。子どもたちが幼い頃から三人で海外旅行をすることも多かったのですが、この旅だけは特別です。

「子どもたちが大きくなったら、夫の飛行機が墜落したンゴングヒルに連れて行きたい。夫の軌跡を三人で辿りたい」と思っていたので、それがようやく叶ったときには、達成感でもない、安堵感でもない、何ともいえない気持ちになったことを覚えています。旅の道中も子どもたちは寡黙でしたが、それぞれに思うことはあったのでしょう。

家族の関係や生活環境は年とともに変わっていきますが、幼い頃に交わした手書きの短いメッセージも、大人になって交わした何気ない会話も、家族の絆をつなぐ大事な架け橋となってくれるのです。

2011年夏、家族3人でンゴングヒルを訪れる

第5章

インタビュー

長男　哲朗さん
次男　聖志さん

長男・哲朗さん

◆母の言動のすべてに筋が通っている

――幼い頃、のぶこさんをどのような母親だと感じていましたか？

もともと父は仕事で家を留守にすることが多かったですし、父が亡くなってからは母がひとりで子どもたちを育てなければならなかったので、ずっと〝自分の力で頑張る母親〟の姿を見てきました。ですから、母に対しては「エネルギーに溢れた、自立した女性」というイメージを幼い頃から抱いていたと思います。

――カイロ時代に、哲朗さんは日記をつけていたとのことですが？

親に促され、その日にあったこと・思ったことを文章にしていました。私が日記を書いているのを親がつきっきりで見ていたので、当時としてはなかなか大変でしたが、いまになって思い返すと有意義な教育だったと思います。

楽しいイベントなどがあった日は内容も充実したものになるので、両親がそれを読んで褒めてくれて、それが自信につながったりもしていましたから。家族の思い出をその時々で刻むという意味でも、日記は有効だと思います。

――のぶこさんに怒られた思い出のなかで、強く覚えていることは？

母が働いていたため、私は小学生の頃から自分で登下校していたのですが、その際に「何かあったときのために持っていなさい」と、数百円程度のお金をお小遣いとは別に渡されていたのです。その〝もしものお金〟から余ったぶんを積み立ててゲームソフトを買ったら、「何のためにこのお金をもらっているのか、よく考えなさい」とすごく怒られました。

当時の自分としては〝母からもらっているお金〟という意味でお小遣いと区別をしていなかったのですが、「たしかに母の言うとおりだな」と思ったことを覚えています。小学校3年生ぐらいだったと思います。

——怒られて納得がいかなかったことはありましたか？

ありません。母の言動のすべてに筋が通っているなと子ども心に感じていましたから。もちろん、子どもなので怒られて反発することもありましたが、「さっきはああ言っていたのに、いまはまた全然違うことを言っているじゃないか」といったような理不尽さはまったく感じませんでした。

子どもが最も傷つくのは「頑張りが認められない」とか「理不尽な理由で否定される」といったことだと思うのですが、働きながら子育てをしていると、疲れやストレスから必要以上に否定的な言葉を子どもに浴びせてしまうなんてことも、現実には多々あると思うんです。しかし、私自身の経験としては、理由のある否定はあったものの、理不尽な否定を受けたことはなかったと思います。

——のぶこさんは「とにかく子どもを褒めるようにしていた」とのことですが、実感としてはいかがですか？

その実感はありました。ただ、褒めるにしても母なりの筋が通っていたように思います。その日の気分によって褒めたり褒めなかったりすると、子どもとしてはどう振る舞うのが正しいのかわからなくなってしまうと思うのですが、母はそういったことがなかったので明解でしたね。

たくさん褒められてきた思い出はありますが、褒められたことが嬉しかったというよりは、褒めるにしても怒るにしても筋が通っていたことが自分にとっては重要だったのではないかと思います。

――例えば、どのように褒められたのでしょうか？

学校の課題で制作したものについて、基本的には褒めてくれるのですが、自分が思ったことはハッキリ言うようなところがありました。

子どもの性格によってはそれをネガティブな批判と受け止めてしまうこともあるとは思いますが、私の場合は「母はそう思ったんだな」と思うようなタイプでしたから。褒める・褒めないとは別に、「ここについてはこう思う」とハッキリ言ってもらうことのほうが意味があったのだと思います。

――〝母なりの筋〟がたとえ哲朗さんの考えと違っていても、ブレないことが大事ということでしょうか？

そうですね。自分の考えと違っていたとしても、理不尽な意見ではないということは、ずっと母が示してきた〝軸のブレなさ〟からわかっているので。そういった信頼関係があるなかで、母なりに思ったことを具体的に伝えてくれる。それこそが私にとって、一番の学びだったのだと思います。

◆母が働いていたため、自分で自分を管理する機会が多かった

――お子さんたちが幼い頃、のぶこさんが絵本の読み聞かせをしていたとのことですが、覚えていますか？

覚えています。物語を読み終わった後、母が問題を出すことも多かったと思います。おそらく、教育的効果をさらに高めるため、母が独自に考えた問題だと思うのですが、例えば『桃太郎』でのやり取りで……物語ではイヌ、サル、キジに桃太郎は1つずつきびだんごをあげますが、「半分ずつあげたとしたら、最後にきびだんごはいくつ残るでしょう？」と母が聞いてくるんですね。

なぜかいまでもそのやり取りを鮮明に覚えているのですが、「3つのきびだんごをそれぞれ半分に切ってイヌ、サル、キジにあげるから、半分が3つ残る」と答えた私に対し、母は「それも正解だけど、1つめのきびだんごを半分に切って、片方をイヌに、もう片方をサルにあげます。次に、2つめのきびだんごを半分に切って、片方をキジにあげるともう片方が残ります。それと3つめのきびだんごを合わせると、1つと半分が残るよね」と、最も合理的な考え方を示してくれて、「あぁ、なるほど！」とすごく腑に落ちたのです。

おそらくその一幕も、母がよくやっていたことの一環に過ぎないと思いますが、子ども心に強く印象に残ったことをいまだに覚えています。

――カイロから日本に帰国し、ワーキングマザーとして忙しくしていたのぶこさんと、どのようにコミュニケーションを取っていたのでしょうか？

私が学校から帰ったときに見られるようにと、連絡ノートをつくってくれました。一言書いてあるくらいの簡単なものですが、忙しいなか毎日メッセージを残してくれて、その場にいなくてもコミュニケーションが取れているような感じがしました。そうやって、いろいろと工夫をしてくれていたことを覚えています。
仕事から帰る前に電話をくれて、私と弟が窓のところまで見に行くと、通りを歩く母がこちらに向かって手を振っていて「あ、帰ってきた！」と、子どもながらに嬉しかった思い出もあります。

――お稽古事などを通して、子どもに多様な体験をさせるのが親の役割だとのぶこさんは思っていたようです。幼い頃にいろんな経験をされたなかで感じたことはありますか？

お稽古事うんぬんというよりも……母には仕事があったため、どうしても家を留守にする時間が長かったんですね。ですから私は自分で小学校から帰ってきて、荷物を置いて、お稽古事に行って帰ってくる必要がありました。そうやって、自分で自分の行動を管理する機会があったことは、成長という意味では大きかったと思います。
なかには自分で自分の行動を管理することが向いていないお子さんもいらっしゃると思いますが、私の場合は自立的に行動するのが苦ではなかったので。子どもの頃から自分で管理できる行動範囲が比較的広かったというのは、大きな成長を促すことにもつながったと思います。

――家族で海外へ旅行する機会も多かったようですが？

そうですね。それぞれの国にそれぞれの文化・価値観・ルールがあるということを幼くして学んだことは、その後の自分の考え方にも影響を及ぼしていると思います。

それに、母はいまでもそうですが、外国であろうと何だろうと「不当だ」と感じた際には臆することなく物事を主張するんです。とはいえ、理不尽な主張はしない。そういったところが先ほどもお話ししたような母の〝筋が通っている〟印象とつながって、子ども心に「すごいな」と尊敬したことを覚えています。

――反抗期のような時期はありましたか？

中学時代に、母の言うことを煩わしく感じて喋らなくなったことがありました。ただ、そのときもやはり母がブレずにいたので、心のどこかでずっと「親が言っていることのほうが正しくて、自分は間違っている」と……当時は認めなかったと思いますが、感じていたのは確かなんです。

そういった意味でも、たとえ子どもが反抗しようが、親がブレずに一貫した判断基準を貫くことは重要だと思います。親が理不尽に子どもを否定したり、反抗期だからといって子どもに過度におもねると、反発がより大きくなったり、「親ってちょろいな」と歪んだ認識を植え付けかねないと思うので。

何よりもまずは親が一貫していることが重要で、それは必ず子どもに伝わると思います。

◆子どもの適性によって、中学受験と高校受験を使い分ける

――「勉強しなさい」と言われたことはありますか？

ほとんどありません。ただ、一度だけ……私が通っていた学習院初等科はそのまま行けば大学まで進学できますが、受験をしてもっと偏差値の高い中学校へ入ろうとする〝中学受験組〟の人たちが数名出てくるんです。その様子を見ていた母が「うちの子にも中学受験をさせたい」と、教育的な野心を見せて、私を中学受験のための塾に通わせたことがありました。

しかし、当時の私には中学受験をする気がまったくなかったですし、かつ、受験へ

邁進している塾生たちの雰囲気に一切なじめなかったので、そのことをきちんと親に伝えることにしました。そうしたら母も納得してくれて、2カ月くらいで塾をやめることができたのです。いま振り返ってみると、このことは私にとって非常に大きかったと思います。

――どのように「大きかった」のでしょう？

一般的に、子どもの適性を見極めたうえで教育するのはとても大事なことですが、その〝適性の見極め〟が顕著に表れるのが「どのタイミングで受験をさせるか」だと思うんです。

小学校受験はほとんどが親の手にかかっているというか、親が頑張るものだと思うので置いておいて、中学受験と高校受験については、子どもの適性に合わせて「やる・やらない」を選択する必要があると私は考えています。

具体的には、中学受験は親と二人三脚で行なう側面が多々ある……つまり、親がコントロールできる余地がまだあるわけですよね。しかし、高校受験は親ですらわからない内容の学習が多くなってくるので、子どもが自分で頑張るしかない。言い換えれば、高校受験からはあまり親の介入を受けなくなるということでもあります。

――自分で自分をコントロールできるタイプには、高校受験が向いている？

まさにそうですね。親の介入を受けず、自分で自分をコントロールしながら勉強したいという気持ちが強い子どもであれば、中学受験よりも高校受験のほうが向いていると思います。

私も自分の勉強は自分でコントロールしたいという考えの持ち主だったので、何かと親が介入してくる中学受験が性に合っていませんでした。当時は漠然と「嫌だ」と感じていましたが、いま振り返るとそういった理由があったからこそ、拒絶したのだろうと思います。

一方、高校受験はそれなりに大変でしたが苦ではなかった。つまり、幸い私は自分の適性に合った受験の道を歩むことができました。中学受験を嫌がった私に、母が「嫌でもやりなさい」と強要していたとしたら、お互いに不幸な結果しか生まれなかった可能性もありますよね。

そう考えると、教育ママ的な側面がありつつも、子どもの言うことを真摯に聞いて、過度に踏み込もうとしない母の姿勢はありがたかったです。教育への介入を強く受けたのは中学受験騒動の数カ月だけで、それ以降は私の勉強のペースを見守ってくれている感じでした。

――子どもの性格・適性によって、ベストな受験タイミングは変わるということですね。

私はそのように考えています。例えば、言わないと勉強しない・放っておくとすぐに勉強をやめてしまうといったタイプのお子さんであれば、親と一緒に中学受験を頑張る。中高一貫校に入ったら、基本的には学校に教育を任せつつ、必要に応じてお子さんをバックアップするといった道が選べると思うんです。

――哲朗さんは中学までは学習院で、高校受験で筑波大学附属駒場高等学校に入り、大学は東大ということですが、進路はどのように選んだのでしょうか？

中学受験はしなかったのですが、母も私も「このまま学習院大学へ進むのではなく、いずれ受験するだろう」とは思っていました。自分としては、大学受験で早稲田や慶應を狙うイメージでしたが、「早稲田や慶應を狙うんだったら、高校受験で系列校に入っておけば大学受験をしなくて済むから、高校生活が楽しくなるんじゃないの？」

と母に言われ、高校受験のために塾へ通い始めました。

そうしたら案外成績が良かったので、「もうちょっと上も狙えるんじゃないか」と塾の先生にアドバイスをいただいて、志望校を高めに設定し直したんです。それで筑駒に入りましたが、そうなると大学受験するしかない……といった感じです。大学受験の際も、自分の学力が及ぶ範囲内で志望校を選んでいきました。

そういった経緯ですから、高校受験の段階では、母も私が東大へ進むとは思っていなかったと思います。逆に言えば、私の学力が明らかに足りていないのに、無理して上位の学校を狙わせるというようなことがなかったので、その点もありがたかったです。

――塾は哲朗さんが決めていたのでしょうか？

いいえ、母が全部決めていました。環境が悪ければ自分から「塾を変えたい」と言ったと思いますが、特にそういったこともありませんでした。いま思えば……中学一年からずっと塾に通っていましたが、そんなに嫌でもなかったんでしょうね。ストレスなく塾に通い続けていた印象です。

――受験勉強のコツがありましたら教えてください。

私はたくさん書いて覚えるタイプでした。大学受験のときは、単語帳をかなり作りましたね。英語の場合は文字どおりの単語帳ですが、例えば地理や歴史といった教科の場合、キーワードを表に書き、裏にはそのキーワードと関連して覚えるべき事項を書き込んでいました。表には一単語しか書いてありませんが、裏をめくるとその言葉に関連した事項がびっしりと書かれている。そういった、表と裏の情報量の差が激しい単語帳を何パターンもつくって勉強していました。

書いて覚える・単語帳

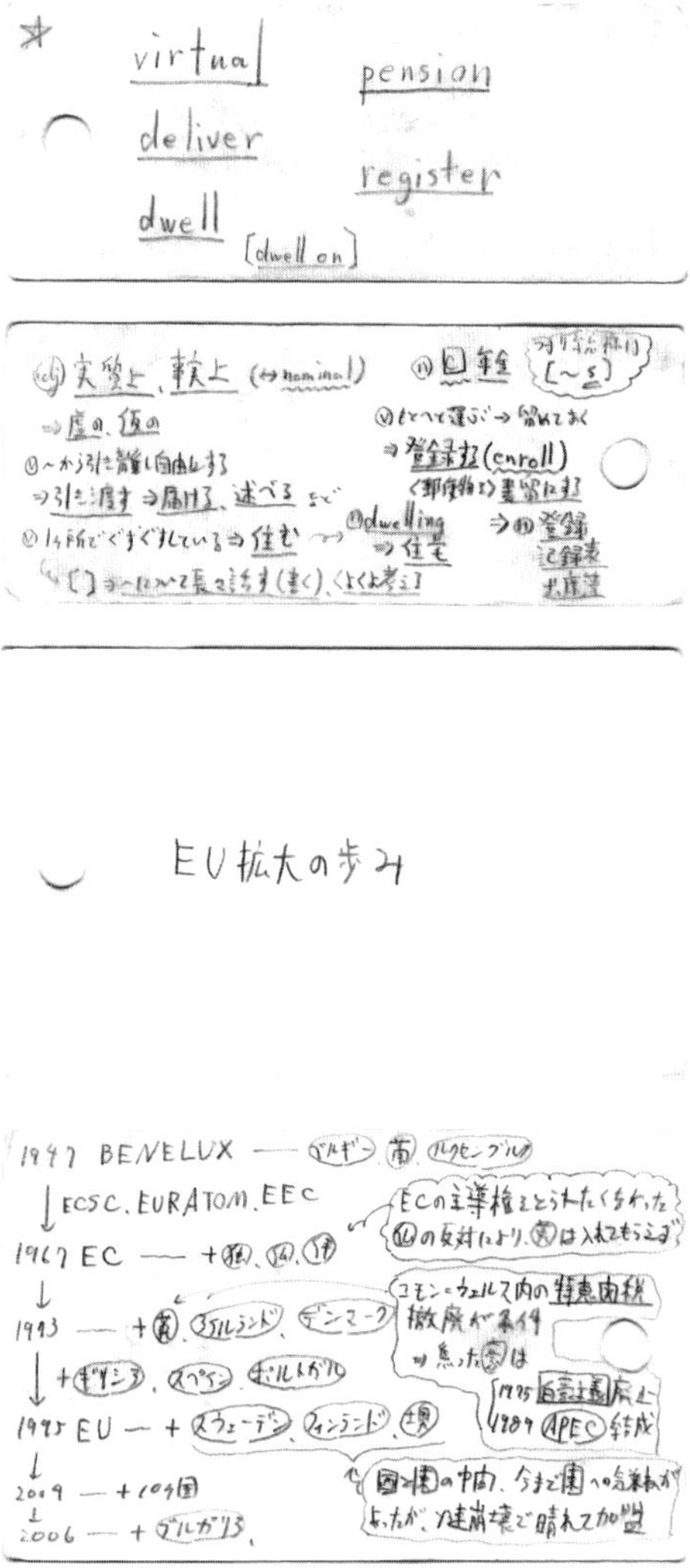

――「勉強に関してのマイルール」はありましたか？

マイルールというわけではないかもしれませんが……大学受験に取り組んでいた頃は、毎週楽しみにしている深夜アニメを〝リアルタイムで観る〟ことを習慣にしていました。

2006年、東大合格のお祝いの席

0時45分から始まる深夜アニメを観るために、それまでの時間は勉強を頑張って、30分間のアニメを観てから寝るというスタイルです。息抜きにもなるし、寝るリズムをつくることができたので、私にとっては有効でした。

もうひとつ、高校時代からスポーツジムに通っていたので、運動は定期的に行なうようにしていました。勉強だけをしていると根を詰めてしまいますし、身体にとっても良くないですから。週に数時間、運動の時間を必ず設ける。これもリフレッシュになりましたね。

◆子どもの自立を望む以前に、まずは親が自立することが大切

――お父様を幼い頃に亡くしたことも背景にあると思いますが、「子どもたちは何があっても生きていけるような自立した人間に育てたい」という思いがのぶこさんにはあったようです。肌感覚として、その思いは伝わっていましたか？

毎日働く母の姿を見ているので、「自立した人間とはどういうものなのか」というのは、子どもながらに理解はできていたと思います。

仮に、母親が家にずっといて、「お父さんがこう言ってるから」とか「お父さんに聞いてみなきゃ」といった具合に、父親に過度に依存しているような家庭があったとしたら……子どもが長時間接するのは母親ですから、子どもにとってはあまり良くないロールモデルを植え付けかねないと思うんです。

その点、幸か不幸か私たち家族にはさまざまな事情があり〝物事を自分で判断でき

る、自立した人〟という一貫した母の姿をロールモデルとして見てきているので、子どもの自立心を育てるうえで良い効果をもたらしていたのではないかと、いまになっては思います。

――改めて、家族とはどうあるべきだと思いますか？

これまでお話ししてきたような環境で育ったので、やはり各自の自立が重要であるということは常々感じています。

子どもの資質や子どもがやりたいことを無視した親の過度な介入が、結果的には子どもの人生を不幸な方向に導いてしまうことも多々あると思いますが、そうなってしまう理由のひとつとして、「家族のそれぞれが、自分の〝自立した欲望〟と向き合っていない」ことが挙げられるのではないでしょうか。

つまり、親は親で自分自身の幸福を追求することが、子どもの成長にとっても重要なのではないかと思うのです。よく、親が子どもに「あなたの成功は私の幸せなんだ」と過度な期待をかけることがありますが、それは必ずしも子どもにとっての幸せではない。仕事でも何でもいいのですが、親は親で好きなものがあって、それを自分なりに追求しているほうが、子どもの自立心を養ううえで有益に働くような気がします。現に、私自身がそうでしたから。

――親が自らを犠牲にして子どもにすべてを捧げることは、子どもにとって必ずしも良い結果を生むというわけではない？

私はそう思います。子どもが自立した人間に育っていくためには、まず親自身が自立している姿を子どもに見せる必要があるのではないでしょうか。

私の場合、もとから母が自立した人間だったということもありますが、父を亡くし、働かざるを得なくなった母は、なおさら〝自立した人間像〟を子どもに見せる結果となった。それは私たち子どもの〝自立〟という観点から考えると、大きな効果をもたらしたと感じています。

――現在もまさに「自分が熱中すること」に突き進んでいるのぶこさんを見ていて、どのように感じますか？

必ずしも母の政治的主張のすべてに賛同するわけではないですが、純粋に人として尊敬しています。むしろ、母がみずから合理的に考えて、自分の信じる道を突き進んでいるほうが、私の考えに従うよりも遥かに望ましい姿です。それに、都議会議員のような大変な仕事をやっているなんて……私は絶対にやりたくないですから（笑）、そのこと自体が尊敬以外の何物でもないですよね。

そうやって、自分が信じ実現したいと思ったことを、行動力を持って実践する〝自立した母〟であるからこそ、私も安心して自分の道に邁進できるので……そういう意味では、いまの家族の姿は理想的だと思います。

もちろん最初は驚きましたが、「やりたいことが見つかって良かったね」という思いもありました。仕事のしすぎで身体を壊したりするのはいけませんが、いまのところ、側から見る限りは生き生きと仕事ができているようなので、日々大変そうではありますが、良かったなあと思います。

次男・聖志さん

◆理屈よりも仁義を重んじた母の姿勢

――幼い頃、のぶこさんをどのような母親だと感じていましたか?

働きながら子育てしていたので、「忙しそうだな」と感じていました。仕事の都合で授業参観に来られないこともあって、少し寂しかったように思います。

――そんななかでも、行事やイベントは欠かさなかったようですが?

そうですね。クリスマスも枕元にプレゼントが置いてありました。クリスマスツリーも毎年きちんと飾っていましたし、正月の飾りつけや端午の節句の兜も用意してもらっていた覚えがあります。

乗馬クラブでの合宿

――習い事や旅行などを通して、子どもに多様な体験をさせるのが親の役割だとのぶこさんは思っていたようです。思い当たるふしはありますか？

小さい頃から習い事はたくさんやっていました。なかにはすごく嫌いなものもありましたが（笑）、乗馬クラブは好きでしたね。

毎年夏休みになったら、富士山の麓にある乗馬クラブへ合宿しに行くんです。学習院初等科の同級生と一緒に行っていたから楽しくて。周りも自然に囲まれていて、休憩時間は自由に遊んだりできるので、それも楽しかったです。

――嫌いだったものは？

バイオリンとアメリカ大使館のサマースクール

は嫌でした。バイオリンはそれなりに続けていましたが、全然好きじゃないから身につかなくて。サマースクールは全部英語だし、周りは知らない子ばかりだから、本当に嫌で「何で毎年行かされるんだろう?」と子ども心に思っていました。

英語の歌を歌ったり工作したり、基本的には遊びの延長みたいな感じですから、楽しんでいる子もたくさんいましたが、僕はダメでしたね。すぐに友達ができるようなタイプではなかったので、ひとりでポツンと端っこにいたような気がします。

母に何度も「行きたくない」と言いましたが……いまから思えば、僕が夏休みでも母は普通に仕事をしていたので、サマースクールに子どもが行ってくれると安心だし、助かっていたんでしょうね。

——お子さんたちが幼い頃、のぶこさんが絵本の読み聞かせをしていたとのことですが、覚えていますか?

覚えています。本当に小さい頃でしたが、僕は読み聞かせをしてもらうのが好きだったので……特に覚えているのが『大どろぼうホッツェンプロッツ』です。長い話なので、最後まで読み聞かせることができなくて(笑)、完結しないまま終わってしまったのですが、楽しかった覚えがあります。

――のぶこさんに怒られた思い出のなかで、強く覚えていることは？

小学校のときに僕は忘れ物が多かったのですが、一度だけ学校にランドセルを忘れて帰ったことがあって。たぶん、友達と早く帰りたかったんでしょうね。サブバッグだけ持って帰ってきて、ランドセルは学校に忘れてしまった。それは本当に怒られましたね。泣くほど怒られたので、いまでもよく覚えています。

「いままで忘れたことのあるものを全部書き出しなさい」って言われて書き出して、「もう忘れません」みたいなことを言わされた覚えがあります。

――怒るだけではなく、いままで忘れたことのあるものを全部書き出させて「もう忘れない」と宣言させる？

ええ。宣言みたいなことは、結構やっていたと思います。お正月には必ず「この一年をどのように過ごすつもりでいるのか、抱負を言いましょう」とか。

小学校の低学年からやっていて、「元気に頑張ります」みたいなことしか言えないんですが、「ちゃんとしたことを言わないといけないいな」って緊張していた覚えがあります。
家族全員が抱負を言うんですが、兄から先に言って、その後に僕でしたから。5歳年上の兄はちゃんとしたことを言っている印象があって、「僕もちゃんとしないと」みたいな感じでしたね。

――ほかに何か、怒られた記憶はありますか？

あんまり怒られた覚えはありませんが……高校生のときに、電子辞書をなくしてしまって。探しても見つからないし、「どうせ買わないといけないから」と思って自分で買って「買いました」と母に事後報告したんです。
「なぜ事前に言わないの？」と聞かれたので、「どうせ買わないといけなかったんだから、事後報告でもいいでしょ」と答えたら、「そういうことじゃないでしょ。そのお金は私が働いて出しているお金なんだから、理屈ですべてを解決しようとしないで、ちゃんと仁義を切りなさい」って怒られましたね。それだけは覚えています。

◆「勉強しなさい」と言われたことは一度もない

――勉強に関して、のぶこさんから厳しく言われたことなどはありますか？

特にないですが、終業式にもらった成績表の結果を、必ず電話で母に報告しないといけなくて……小学校の間はずっとやっていたと思います。

母から「電話で報告しなさい」と言われたのかどうかは覚えていませんが、成績を一番気にしているのは母だったので、自然と「ちゃんと報告しないといけないな」みたいに思ったんでしょうね。５の個数については自分自身、ずっと気にしていました。

成績が良かったときは普通に報告できましたが、五段階評価で5がひとつもなかったときがあって、電話する前にビクビクしていたのを覚えています。「３と４しかなかったです」と伝えて……。

――のぶこさんはどんな反応を？

怒られはしませんが、「頑張らないといけないね」みたいな、静かなプレッシャーを与えられました。

――「勉強しなさい」と言われていましたか？

言われていません。それはもう、小学生のときからずっとでした。中学生になってからも、中間試験や期末試験の時期に「勉強しなさい」と言われたこともなく。それでも、自主的に勉強していました。

――自主的に勉強しないといけない空気感が、家庭のなかにあった？

あったと思います。少なくとも、僕自身はそう感じていました。兄が学習院初等科、学習院中等科、筑波大学附属駒場高等学校、東京大学という道を歩んでいたので、〝優秀な兄〟を持つゆえのプレッシャーというか、「自分も頑張らないと」みたいな思いがあったんでしょうね。

――優秀なお兄さんと比較されることもあったのでは？

ありましたね。でも、母が兄と僕を比較するようなことはなかったです。ただ、兄が通っていた塾に僕も行っていたので、先生たちから「兄ちゃんはすごかったよ」とかってプレッシャーをかけられていました。

高校受験でも大学受験でもそういった状況だったので嫌でしたが、「兄貴はすごかったんだな」と素直に思ってもいましたね。兄が高校受験のときに使っていたノートをたまたま見つけたことがあって……びっしりといろんなことが書かれてあって、「やっぱり兄貴はすごいな。自分も頑張ろう」と思った覚えがあります。

――「兄と自分とは違うんだ」と反発する道もあったと思いますが、素直に後に続いたのですね。

勉強ができないわけではなかったし、スポーツが得意でもなかったので、一番よくできるのが勉強だったんでしょうね。これがもし、圧倒的に勉強ができなかったら反発していたと思いますが、ちゃんとやればそれなりに結果も出て褒められるので。

それに、「勉強して当たり前」みたいな空気がある家のなかで、「勉強をやりたくない」と言ってグレても居辛そうだなと（笑）。兄が圧倒的に優秀だったので、そういった見習うべき存在が近くにいたというのも大きかったと思います。

◆〝勉強をするための環境〟を完璧に整備してくれた

――自主的に勉強していた理由は、勉強しないといけない空気感があったからでしょうか？

そうですね。それに、自主的に勉強するのが僕には向いていたんだと思います。僕はゲームをするのが好きだったので、安らかな気持ちでゲームができるように、勉強していた部分があるかもしれません。

悪い成績をもらった夜に、のうのうとゲームはできないですからね。怒られるとかはありませんが、自分のなかで「勉強をちゃんとやったうえで、ゲームを思う存分したい」みたいな思いはありました。

――ゲームを優先したくなるようなことはなかったのでしょうか？

もちろん、油断をするとすぐにゲームをやってしまうので、試験の勉強をする期間はゲーム機をトランクルームにしまいに行って、すぐにできないようにしていました。母に「しまってきなさい」とかは言われなかったですね。

期末試験の勉強をしていて「今日はここまでやらなきゃいけなかったけど、途中でゲームをしちゃったから、あんまり進まなかったな」みたいなことが続いたので、「自分はゲームがあると、そっちを先にやっちゃうな」と思い、しまうことにしました。

――「今日はここまでやる」というのも、自分で計画を立てていた？

自分で決めていました。母もかなり忙しかったので、勉強の段取りとかを相談できるような感じでもなかったですし。むしろ、母が仕事から帰ってくる時間までに勉強を終わらせて、文句を言われない状態でテレビを観たり、ゲームをしていたいという思いがありました。

――のぶこさんから何も言われなかったから、自主的に勉強できたということもあるのでしょうか？

そうかもしれないですね。「成績表やテストの結果を、必ず報告しないといけない」というのは絶対だったので、そこを目指して自分でうまく進むようにやっていたと思います。逆に「勉強しなさい」とか「ゲームをしまってきなさい」とかってうるさく言われていたら、嫌気がさしてゲームに走っていたのかもしれません。

――「ゲームはやめなさい」とは言われなかった？

一度もないです。基本的に「○○をやってはいけない」と言われることは、ほとんどなかったと思います。ゲームも自由にやっていましたし、テレビも「この番組はダメ」みたいに言われることもなく、自由に観ていましたから。

悪いことをしたら怒られますが、子どもの行動に制限をかけるようなことは一切なかったです。

――のぶこさんから一番手をかけられた部分はどこだと思いますか？

勉強内容や勉強の仕方について一切触れないぶん、塾や家庭教師といった〝勉強をするための環境〟を完璧に整備してくれたところだと思います。

勉強だけじゃなく、小さい頃の習い事とかもそうですね。中学に入ってからは部活や勉強に集中していたので習い事はやめましたが、例えば僕が「水泳を本格的に続けたい」と言っていたとしたら、母は全力で水泳ができる環境を整えてくれたと思います。

――勉強をするための環境を整えるという意味では、お子さんたちが通う塾を選ぶのも、すべてのぶこさんだったと伺っています。

そうですね。母が塾を決めて、家庭教師を探してきました。僕から母に要望を伝えたことはないです。すでに万全の体制が整えられていたので、それ以上に望むことはなかったといいますか……。

しいて言えば、大学受験を目指していたなか、伸び悩んだ時期があって。「個別指導を受けさせてもらいたい」と言った覚えがあります。でも、基本的には万全の体制で勉強をさせてもらっていた印象です。

――聖志さんも哲朗さんと同じく、中学までは学習院で、高校受験で筑駒に入り、大学は東大ということですが、進路はどのように選んだのでしょうか？

兄を見ていたので、「どうせ受験するなら、兄みたいに良い学校に行きたい」と思っていました。

母から「あなたも同じ道を進みなさい」と言われたわけではないですが、何となくそういう空気があったというか……僕にとっても無理な目標ではなかったですし、それなりに勉強も頑張っていたので、「だったら兄貴と同じ道を目指してもいいかな」と思って進路を選んでいきました。

――受験勉強のコツがありましたら教えてください。哲朗さんは「ひたすら書いて覚える」とおっしゃっていましたが……。

僕も同じで、ひたすら書いて覚えていました。兄から「書いたほうが覚えやすいよ」と教えてもらったわけではなく、そのほうが覚えやすかったので。

——哲朗さんから勉強のアドバイスをもらったことは？

一度もないですね。自分のやりやすい方法で勉強していました。書くことに加えて、僕は書いたものを声に出して読んだりもしていました。

◆自分で目標を決めて、それを必ず成功させる母

——お父様を幼い頃に亡くしたことも背景にあると思いますが、「子どもたちは何があっても生きていけるような自立した人間に育てたい」という思いがのぶこさんにはあったようです。肌感覚として、その思いは伝わっていましたか？

それはあったと思います。実際、ある程度のことは自分でほとんどやっていましたから。生活について、母から細かく言われるようなこともなかったので、そういった意味での自立は早かったと思います。

——家族三人が、お互いに依存するようなこともなかった？

ないですね。母や兄に相談事を持ちかけたことはほとんどないですし、ある程度の

ことは「自分で解決しないといけない」と思っていましたから。それはいまも同じです。

――いま現在、家族三人が集まる機会などはあるのでしょうか？

ありますよ。それぞれの誕生日には、いまでもちゃんと集まります。昔から誕生日プレゼントを贈りあっていて。兄にも母にもプレゼントを贈りますし、プレゼントをもらいます。特に兄とは普段まったく接点がないので、「どんなものがほしいだろう？」と、毎回すごく考えます。

兄が30歳になったときのお誕生日は節目ということで奮発して、シックスパッドをあげました（笑）。母には小さい頃は花をあげたりしていましたね。

――育った環境について改めて振り返って、どのように感じますか？

自分で考えて、計画を立てて何事もやっていたのが良かったんじゃないかなと思うので……例えば僕が結婚したとして、奥さんが子どもに対して「勉強しなさい」と口うるさく言っていたら、見ていてあんまり良い感じがしないんじゃないかなと思ってしまいます。

もちろん、自由にさせることでうまくいくかどうかは子ども次第かもしれませんが、ある程度は自分で考えて何事もできるようになってほしいなと。そういう意味で、自由にさせてもらえていた環境というのは、僕に合っていたんだと思います。もし、ああだこうだと言われていたら、ストレスが溜まって反発していたかもしれません。
環境を整えて、「出てくる結果はチェックしますよ」とプレッシャーをかけつつ、ある程度は子どもの自由にさせる。そうすると子どもは自分でそれなりに計画を立てて、自分自身をコントロールできるようになるんじゃないかと思います。少なくとも、僕はそういった環境のなかで育ってきて、ストレスを感じることなく勉強ができていたので、良かったと思っています。

——お二人を育てあげ、現在は都議会議員をされているのぶこさんを見ていて、どのように感じますか？

「すごいな」と思います。フジテレビの職員としてそれなりのポジションにいましたから、年収もいまより高かったはずなのに、それを辞めてまで都議会議員になるなんて……そのバイタリティがすごいと思います。
政治を学ぶ塾に通っていることは聞いていて、「そうなんだ」くらいにしか思っていなかったんですね。それが「選挙に出ることになった」と言うもんだから、ビックリしましたし、すごいなと思いました。

――のぶこさんのどういったところが一番好きですか？

一度決めたことはきちんと完遂するところですかね。挫折したり、落ち込んだりしているところを見たことがありません。

自分で目標を決めて、それを必ず成功させるのがすごいなって思います。小さい頃は母のそういった部分をそんなに意識はしていませんでしたが、いまとなっては見習いたいと思います。

エピローグ

頑張っているお母さんたちへ

＊人生にはいくつものステージがある

歳を取っても成長したい――私はそう考えます。人生にはいつだって、成長するためのステージが用意されているのですから。

私は現在、人生における第3ステージに立ち、都政に取り組んでいます。入江敏彦と出会い結婚し、突然の別れが訪れた一九九四年十二月六日までが第1ステージ。日本に帰国し、働きながら二人の子どもを育て、世に送り出すまでが第2ステージ。その責務が完了し、次はあらゆる人のために尽くしたいと思い、第3ステージへと歩みを進めたのです。

第2ステージが終わったときの私は、「次のステージに進むならば、それは人生のおまけみたいなものだ」と思っていました。というのも、私の人生における大きな目的は、第2ステージにあったからです。

「息子たちが成長して世に出るまで、リリーフ投手として頑張ろう」と思っていた私は、長男・哲朗に続いて次男・聖志が東大を卒業し、進路が決まった時点で「自分の人生の目的は全部やり遂げた」と達成感を覚えたのです。何よりも心配していた幼い兄弟が健康に育ち、自立した人間に育ってくれたことへの安堵もありました。

そんな折、小池百合子都知事との出会いがありました。都知事選でのパワーとオーラに魅せられた私は、小池都知事が主宰する「希望の塾」に通うようになります。そこで政治を学ぶうちに「いま現在、さまざまな困難を抱えて大変な思いをされている女性たちがいて、その困難が政治によって解決できるのだったら、私の第3ステージを費やしたい」と思ったのです。

そうして二〇一七年の東京都議会議員選挙で初当選し、20年以上働いたフジテレビを退職することになりました。


人生には、勉学や自分磨きに集中するステージ、仕事や育児や介護に忙しいステージ、そして、自分の役割を全うした先に待っている次のステージといった、いくつものステージが用意されています。

「いますぐ変わりたい」と思っても、例えば子育てのような、自分が変わることよりも大切な〝いまやらないといけないこと〟があって、キャリアを継続できずに歯がゆい思いをしたり、焦る気持ちになることもあるかもしれません。

しかし、次のステージは必ず訪れます。

その機を見失わないためにも、家族を含めたライフプランをしっかりと練っておくことが必要だと思います。

＊熱意があればいつでも再チャレンジできる

夫が飛行機事故で亡くなったと電話で聞いたあの瞬間から、しばらくの間、私は霧のなかにいるような感じで、当時の記憶がほとんどないのです。

断片的には覚えているのですが、いま振り返ってもどうやって生きていたのかわからないほど、心が壊れていました。みんなは「桜がきれいだ」と言うけれど、私には全然きれいに見えなかった。帰国してすぐに阪神大震災やオウムサリン事件があったけれど、私には痛みが感じられなかった。

当時の私は、想像を絶するような悲しみのなかに突き落とされ、人生のどん底にいたのでしょう。それでも「ここから再生したい」という気持ちが湧いたのは、もちろん「子どもたちをしっかりと育てなければならない」という大きな責務があったからです。

しかし、それだけでは足りません。「いまはどん底だけれど、子どもたちと一緒に必ず乗り越えてみせる。子どもたちの未来を、必ず輝かせてみせる」という熱意があったからこそ、逆境に耐え、困難に打ち勝つことができたのだと思うのです――そう、熱意があればいつでも再チャレンジできるのです。

現実はシビアですから、熱意だけではどうにもならないこともあるかもしれません。「子どもたちをしっかりと育てるには、もっとお金を稼がないといけない。いまの仕事だと収入が低すぎる」といったようなリアルを生き抜かなければならず、「目の前のことで精一杯」というお母さんも多いでしょう。

しかし――繰り返しになりますが――どんなにいまが大変な状況であっても、「絶対にここから這い上がるんだ。そのために、一歩踏み出してみよう」と熱意を持って前に進むことで、状況は打開されます。

その一歩こそが、再チャレンジへの道となるのです。

＊頼れるのは自分だけ

一人っ子だったことや、母に突き放されて育ったところがあったため、私はもともと「人間はひとりで生まれてひとりで死んでいく。頼れるのは自分だけ」と考えるタイプでした。さらに、夫を亡くしたことでますます「人に頼ることなく、自分で何とかやっていくしかないんだ」と実感するようになったのです。

信念を持って迷うことなく突き進む夫の背中を追いながら、「この人の言うとおりにしていれば絶対に大丈夫」と思っていたのに、その指針すら突然失ってしまった。そういったことが人生には起こり得ると思い知らされ、「もう自分しか頼れない」と考えるようになりました。

未亡人となってしばらく経ったある時期、ご縁があった方と籍を入れていたこともありましたが――私がどう在ろうが、子どもたちは〝入江敏彦の子〟ですから、その方の養子にはなりませんでした――DVが原因で「この人と一緒にいるのは不可能だ」と離婚しました。

そうして行き着いたのは、やはり「自分以外に頼れるものはない」という考えでした。

私がそうであったように、女性は心のどこかで「誰かに守られたい・頼りたい・リードされたい」と願うところが本質としてあるのかもしれません。その願いを叶えてくれるような人と巡り会うことができたら、それはとても幸せなことです。しかし、私のように相手が突然亡くなったり、突然関係が破綻することもある。頼り・頼られる関係が永久に続くかどうかなんて、誰にもわからないのです。

ですから、女性にはぜひ〝自分ひとりで生きていける力〟をつけていただきたいと思うのです。何が起ころうと、自分ひとりで突き進んでいけるような力や自信をつけていただきたい――。

他者に依存するのはラクかもしれませんが、それが必ずしも幸せな結果を生むとは限りません。いま頼れる人がいるならば、その人に頼りながらも、自分自身を成長させる努力は怠らない。その人との関係に何が起こったとしても、自分ひとりで生きていけるような準備だけはしておいていただきたいのです。

他者に依存することしかできないと、同じことを繰り返し、前に進めなくなってしまいますから。

人生にはいくつものステージがあります。そして、あなたに熱意さえあれば、いつだって再チャレンジできるのです。他者に自分の人生を委ねたところで、何も解決してはくれません。

あなたのステージはあなただけのもの。自分の力で一歩踏み出し、前に進んでいくしかないのです。

＊自分が活躍できる場で〝お金を稼ぐ〟

先述したように、女性は心のどこかで「誰かに頼りたい」と願うところが本質としてあるように思うのですが、その願いこそが女性の活躍を妨げる一番の弱点だとも私は思うのです。

例えば、ものすごいお金持ちの家に嫁ぎ、潤沢な生活費を与えられ、家庭のマネジメントも夫がすべて行なってくれる——といった状況に置かれたとしても、「自分のでき得る範囲で〝お金を稼ぐ〟ことができないかな?」と模索していただきたいのです。

どんなに恵まれた環境に居ようとも、人は結局のところ、自分しか頼れない。自分で自分をコントロールするしかない。私はそう思って、「誰かに頼りたい」と願う自分の気持ちに打ち勝ってきました。その結果、夫の遺したお金や新たな男性に頼ることなく、自分の手でお金を稼ぎ、子ども二人を育てることができたのです。

そのなかで、自分なりに活躍の機会を得られたとも感じています。もしも私が何かに頼って依存していたならば、その機会は得られなかったでしょう。

〝お金を稼ぐ＝仕事をする〟というと、正社員や派遣社員として働くことをイメージされると思いますが——もちろん、そういった機会がある方は、大いにご自身の能力を発揮されると良いでしょう――今の時代、企業に所属していなくても、インターネット上のマッチングサイトでご自身ができることを提供するシェアリングエコノミーも充実しています。

お料理が得意、掃除・洗濯が好き、子どもやペットの扱いが上手など、あなたがこれまで行なってきたことを活かせる〝活躍の場〟は必ずあるはず。自作のフラワーアートやアクセサリーをネットショップで売ることだって立派な〝仕事〟です。あなたが活躍できる場で、対価を得る機会をつくってください。

重要なのは、対価として〝お金〟を必ず得ること。あなたの能力や肉体を使った〝仕事〟ですから、どんなに少なくてもお金を得る。「趣味の延長でやってるから、お金はいらないわ」なんてことは決して言わないように。

きちんとお金を得られる〝仕事〟を繰り返していくことで、さらなるスキルアップが実現し、あなたはどんどん強くなっていくのですから。

＊やりたいこと・やるべきことはいまやる

42歳のときに受けた人間ドックで「子宮頸がんの疑いがあるので、精密検査をしましょう」と言われました。痛みや不正出血もなかったため、「そんなはずはない」と思って検査したところ、「浸潤してはいませんが、子宮頸がんです」と告知されたのです。最初にかかった病院では子宮を全摘出すると言われましたが、セカンドオピニオンで「子宮頸部の異常な組織だけを取り除く治療が可能」とのことだったので、その方法で手術をすることにしました。手術後の病理検査を受けて「再発する可能性も考えて、向こう10年は必ず定期検査を受けるように」と指導されました。

子宮頸がんの告知には私も子どもたちもショックを受けましたが、改めて「自分が生きている時間というのは有限なんだ」と感じさせられた出来事でもありました。自分の身に、いつ何が起こるかなんて、自分自身でもわかりません。だからこそ、いまやりたいこと・やるべきことを精一杯やりたい。

何も考えずにゆるゆると生きるのもラクだとは思います。しかし、思いもよらぬことが――夫の身に起こったように――自分の身に起こらないとも限らないのです。そう考えると、1分1秒たりとも時間を無駄にできないですし、一日一日、悔いを残さないように、できる限りのことを精一杯やりたいと思うのです。

「子宮頸がんが再発するかも」と、気に病むようなこともありません。再発するかしないかなんて、誰にもわからないのです。気に病む・病まないに関係なく、再発するときはするし、再発しないときはしない。だったら余計なことは考えずに、日々を精一杯生きることが重要なのではないでしょうか。

これは何も、病気に限った話ではありません。

「失敗するかもしれない」、「うまくいかないかもしれない」と、始まる前から気に病むことには何の意味もないと思うのです。それよりも、やりたいこと・やるべきことに集中する。

「自分が生きている時間は有限である」ということを忘れずに、充実した日々を送っていただきたいのです。

＊前へ、前へ

幼い頃の私は、未来を想像しながら絵を描くことが大好きでした。空飛ぶタクシーが行き交う未来都市や、見たことのないカタチをした建物をいつも描いていたように思います。

おそらく私は昔から、過去を振り返ることが苦手だったのでしょう。知識としての歴史は学んだものの、戦国武将の名言といったものにはまったく興味がなく、それよりも未来を想像することのほうがよっぽど楽しかったのを覚えています。

思えば、夫も前だけを見ているような人でした。

記者クラブのなかで「前へー、前へー」と大きな声を出して歩いていた夫の姿は仲間の間で有名でしたし、いつも「嫌なことがあっても、前へ前へ。前に進まなきゃ、始まらないじゃないか」と言っていましたから。

生きるエネルギーに溢れ、常に前向きな夫の在り方に惹かれて結婚を決めましたし、そういった彼の姿勢が私は大好きでした。

夫は亡くなってしまいましたが、前だけを向いて日々を精一杯生きていた彼のように私も在りたい。子どもたちにも、そう在ってほしい。たとえ困難にぶつかろうとも、背を向けずに前へと進んでいく――それこそが、残された私たちの生きる道だったのです。

「まさにいま、困難にぶつかっている」という方もいらっしゃるでしょう。しかし、そんなときこそ前を向いていただきたいのです。

自分の足で立ち、一歩一歩前へ進む。どんなに歩みが遅くても構いません。「前へ、前へ」踏み出すことで、あなたの人生は紡がれていくのですから。

おわりに

生きていくということは、とてもたいへんで、困難なことや辛いことが多くあります。しかし、その時こそ、普段では到底考えられないようなパワーを発揮し、ポジティブに考え、乗り越え、解決していく。そういう人間力の高い子どもたちが多く育ってほしいと心から願っています。

そのためには、親は、いかなる時も変わらない深い愛情を子どもに注ぎ、さまざまなことを学ぶための環境をできる限り整え、励まし、褒め、しっかりとサポートしてあげなくてはなりません。それは、過保護になるということではなく、子どもの自ら学ぶ力や判断する力を形成して、そっと徐々に離れていくということです。

これまで何度か講演させていただいた、私の生きてきた道や子育てについて反響が高く、まとめることで皆さんのお役に立つのではないかと考えたことが本書の発端です。

企画成立にあたっては、森川清司郎さん、寺石明人さん、兼松佳子さんにご尽力いただきました。そして、働く女性の立場からアドバイスをいただき、息子二人へのインタビューも実行していただいた、宮内宏子さん、とみたまいさんにはたいへんお世話になりました。心より御礼申し上げます。書籍化を決定していただいたあさ出版の代表取締役佐藤和夫さん、編集部の宝田淳子さんには、深く感謝申し上げると同時に、この本が多くの方の元に届き親子ともに幸せな子育てにつながるように努めていくことをお誓いします。

最後に、読んでいただいた皆さんに、是非、これまでのライフステージを振り返り、ご自分のストーリーを紡いでいただきたいと思います。自分自身を冷静に見つめ直すことができれば、必ず、今後の人生にさらなる充実と幸せがもたらされます。いつも笑顔で前を向いて、苦難をチャンスに変えて、生きる喜びを感じていただくことを願っています。

2020年3月26日

入江のぶこ

著者紹介

入江のぶこ（いりえ・のぶこ）

1962年、東京都新宿区生まれ。幼稚園から大学まで成城学園で教育を受ける。

大学生時代にフジテレビ「FNNスピーク」でお天気お姉さんを務める。卒業後、フジテレビ報道記者の入江敏彦氏と結婚。カイロ支局長となった入江氏と長男と共にカイロへ移住。イスラエルで次男出産。1994年12月ルワンダ難民取材のためにチャーターした小型飛行機が墜落し、乗っていた入江氏が死亡。帰国後、フジテレビに就職。バラエティ制作、フジテレビキッズなどに所属し、主に子育てや子どもに関するコンテンツの企画やプロデュースをする。女性管理職としてマネジメントも行う。2017年7月に退職。

2017年7月、東京都議会議員選挙に出馬、港区でトップ当選を果たす（35,263票獲得）。

子ども2人は東大を卒業し、社会人となっている。長男の入江哲朗氏は東京大学大学院総合文化研究科を修了し博士（学術）の学位を取得。アメリカ思想史の研究者であり、映画批評家としても知られる。次男の入江聖志氏は、東京大学教養学部を卒業し、民放テレビ局社員。

自《みずか》ら学《まな》ぶ子《こ》どもに育《そだ》てる
息子《むすこ》2人が東大《とうだい》に現役合格《げんえきごうかく》した、ワーキングマザーの子育《こそだ》て術《じゅつ》　〈検印省略〉

2020年　4月　30日　第　1　刷発行

著　者――入江　のぶこ（いりえ・のぶこ）
発行者――佐藤　和夫

発行所――株式会社あさ出版
〒171-0022　東京都豊島区南池袋2-9-9 第一池袋ホワイトビル 6F
電　話　03 (3983) 3225（販売）
　　　　03 (3983) 3227（編集）
F A X　03 (3983) 3226
U R L　http://www.asa21.com/
E-mail　info@asa21.com
振　替　00160-1-720619

印刷・製本　神谷印刷（株）

facebook　http://www.facebook.com/asapublishing
twitter　http://twitter.com/asapublishing

ISBN978-4-86667-203-8 C0037